Amigurumi Kuscheltiere häkeln

Lisa Adam

Amigurumi Kuscheltiere häkeln

Süße Schmusigurumi aus flauschigem Chenillegarn

mitp

Bibliografische Information der Deutschen Nationalbibliothek

Die Deutsche Nationalbibliothek verzeichnet diese Publikation in der Deutschen Nationalbibliografie; detaillierte bibliografische Daten sind im Internet über https://portal.dnb.de/opac.htm abrufbar.

ISBN 978-3-7475-0902-9
1. Auflage 2024

www.mitp.de
E-Mail: mitp-verlag@lila-logistik.com
Telefon: +49 7953 / 7189 - 079
Telefax: +49 7953 / 7189 - 082

Lektorat & Sprachkorrektorat: Nicole Winkel
Covergestaltung: Christian Kalkert
Fotos: Lisa Adam
Druckvorstufe: Bleeding Colours Coverdesign und Satz
Druck: ADverts in Riga, Lettland

Inhalt

Die Schmusis

Herzlich willkommen

Da ist es nun. Mein erstes, eigenes Häkelbuch! Wie verrückt einem das erscheint, wenn aus einer Blitzidee plötzlich ein Buch entsteht, gefüllt mit meinen Gedanken und Kreationen und nun liegt ein Stück von mir in deiner Hand.

Ein Buch zu schreiben ist in jeglicher Hinsicht etwas Besonderes und ich schätze mich so überaus glücklich, dass ich diese Erfahrung machen durfte. Was aus einem Hobby entstand, führte mich über manch holprige Wege und nun setze ich hiermit einen weiteren Meilenstein für meine Häkelbande. Hoffentlich kann ich dir mit meinen Schmusigurumis genauso ein Lächeln ins Gesicht zaubern, wie sie es bei mir tun, wenn ich sie anschaue.

Für die Wahl der Tiere, die ich als Schmusigurumi verwirklicht habe, wollte ich nicht nur die gängigen Favoriten wählen. Natürlich findest du hier auch Schmuse-Klassiker wie Hase und Bär, doch warum sollte dein Nachwuchs nicht auch einmal mit einem Axolotl schmusen? Oder du bist selber ganz fasziniert von den unheimlich niedlichen Papageientauchern aus der Arktis! Ich bin auf jeden Fall sehr gespannt, welches Tier dich zuerst inspiriert und von dir nachgehäkelt wird.

Wenn du mit dem Häkeln noch nicht ganz so vertraut bist, zeige ich dir auf den folgenden Seiten einige hilfreiche Grundlagen und Tipps & Tricks. Diese Tutorials sind wirklich umfangreich und helfen dir sicherlich gut durch die kommenden Anleitungen. Wie immer bei jeder Handarbeit gilt: Ich zeige dir hier meinen Weg zu häkeln. Und ich kann dir auf jeden Fall einen schlauen Spruch an die Hand geben: „Übung macht den Meister".

Bitte lass mich doch an deinen Erfolgen teilhaben und deine Schmusigurumi kennenlernen. Wenn du sie auf Social Media teilst, so verlinke mich doch bitte auf Instagram mit @lisbeths_haekelbande und teile gern, aus welchem Buch und von welcher Designerin dein neuestes Werk stammt. Ich teile das dann auch sehr gern mit meiner Community.

Über mich

Mein Name ist Lisa Adam, ich bin Mitte 30 und von Beruf gelernte Goldschmiedin. Da auch nach der Arbeit meine Hände und mein Kopf nicht stillstehen wollten, machte ich mich 2017 auf die Suche nach einem kreativen Hobby. Mit einem frischgegründeten Instagram-Account stolperte ich schnell über niedliche gehäkelte Kuscheltiere.

Also bewaffnete ich mich mit ein bisschen Wolle, einer Häkelnadel und YouTube und legte los. Nach der Schwangerschaft im Jahr 2018 hatte mich das Häkelfieber dann komplett gepackt und so begann meine Reise durch die Häkelwelt auf Instagram.

Schnell entstanden die ersten eigenen Amigurumi-Designs und mit der Suche nach CE-fähigen Materialien, damit ich meine kleinen Häkeltiere auch verkaufen durfte, war die Idee für einen eigenen Onlineshop geboren.

Dort findest du meine absoluten Lieblingsmaterialien, damit du gar nicht mehr groß überlegen musst, welches Garn du am besten verwenden kannst, wenn du kuschelige Amigurumis in klitzekleine Hände übergeben möchtest.

Lisbeths_ Haekelbande

Danke

Natürlich schreibt sich ein Buch auch nicht einfach so nebenher. Es braucht so viele helfende Menschen neben der Autorin. Als allererstes natürlich ein Danke an den mitp-Verlag, speziell an meine Lektorin Nicole. Ohne deine Arbeit wäre dieses Buch nicht entstanden. Danke an den Glauben an meine Ideen und das immer positive Feedback.

Als Nächstes braucht es ein starkes Team im Hintergrund. Jemand muss durch meinen Aufzeichnungsdschungel durchsteigen, muss genau prüfen, welche Maschen es mal wieder verschluckt hat, welche Formulierung besser wäre und letzlich: Klappt das alles überhaupt, was ich mir da so ausgedacht habe? Dafür hätte ich mir kein besseres Team vorstellen können. Mein riesengroßes Shout-Out geht an meine Testmädels: Alina, Carolin, Lisa, Angelina, Juliane und Franziska. Ohne euch hätte ich mich nicht so gut durch diesen ganzen Berg durcharbeiten können. Danke von Herzen!

Und ohne Wolle geht auch gar nichts. Vielen Dank an Rico Design, dass ihr mich so toll mit eurem Garn unterstützt habt. Durch euch konnte jedes Tierchen in diesem Buch mit der Chenillove zum Leben erweckt werden.

Letztlich braucht es aber auch einen verlässlichen Partner an seiner Seite. In so ein Buch fließen unendlich viele Stunden. An der Nadel, vor dem Laptop, hinter der Kamera. Alles in einem Einfamilienhaus mit dem völlig normalen, alltäglichen Trubel. Daher gebührt letztlich mein allergrößter Dank meinem Ehemann. Danke, dass du dich um unseren kleinen Wirbelwind gekümmert hast, wenn etwas fertig werden musste. Für kein einziges negatives Wort oder Gedanken, sondern für deine vollste Unterstützung. Danke für saubere Wäsche und einen gedeckten Tisch. Ohne dich wären die nächsten Seiten hier auch mit sehr wenig Inhalt gefüllt gewesen.

Hier findest du mich online:

LISBETHS_HAEKELBANDE

https://www.youtube.com/@LisbethsHaekelbande

www.lisbethshaekelbande.de

Allgemeines und Grundlagen

Allgemeines zu diesen Häkelanleitungen

Wenn du **Fragen** hast oder **Hilfe** brauchst, dann schreib mir gerne über Instagram:

@lisbeths_haekelbande

Oder schreibe eine E-Mail an:

lisbeths-haekelbande@gmx.de

Lies dir zu Beginn die Anleitung einmal durch und häkle bitte in der **angegebenen Reihenfolge**.

Markiere dir jeden **Rundenanfang** und stopfe die Schmusigurumis dort, wo es angegeben ist, gleichmäßig und ausreichend mit **Watte** aus.

Ich häkle **X-Maschen** und empfehle dir, diese Technik zu erlernen. Bei dieser Art, die Maschen zu häkeln, richten sich die einzelnen Maschen der Runden gleichmäßiger und linearer übereinander aus, sie werden auch etwas enger und das Maschenbild somit gleichmäßiger. Eine Anleitung dazu zeige ich dir auf meinem Youtube-Kanal und zeige dir dort auch den Unterschied von sogenannten X- und V-Maschen.

Hier findest du den Link zum Video:

Es kann dir passieren, dass sich manche **Rundenanfänge verschieben** (nach rechts) und du dann manche Maschen in der Reihenfolge verschieben musst. Speziell beim **Einhäkeln der Körperteile** ist das wichtig, damit alles an seinem richtigen Platz ist. Sollten sich dort Positionen verschieben, dann häkle jeweils vor der angegebenen Position mehr oder weniger Maschen. Wichtig ist es aber, dass du **am Ende jeder Runde die vorgegebene Maschenanzahl** erreichst!

Die Körper werden immer nach einem **festen Schema** gehäkelt. Die Position der einzelnen Körperteile unterscheidet sich aber von Anleitung zu Anleitung. Du häkelst den **Körper immer in halben Stäbchen**, das macht den Körper schön weich und fließend. Die letzte Runde wird allerdings bei jedem Körper mit **festen Maschen** gehäkelt, damit sich der Kopf einfacher an den Maschen festnähen lässt.

Die **Position für die Köpfe** ist immer dieselbe. Nachdem du die Augen vertieft und deine Details am Kopf beendet hast, nähst du den Kopf mithilfe des Restfadens am Körper fest. **Die Position ist immer mittig unten.** Dort solltest du dann auch die kleinen Endknoten vom Augenvertiefen haben und mit der Naht vom Körper verdecken können. Bist du dir unsicher, ob der Chenillefaden richtig hält, so nähe über deine Chenillenaht noch einmal mit einem Baumwollfaden (am besten in gleicher oder ähnlicher Farbe) drüber. Der Baumwollfaden wird in der flauschigen Chenille nicht oder kaum sichtbar sein, **erhöht aber die Zugfestigkeit** um ein Vielfaches.

Da die halben Stäbchen ein etwas »offeneres« Ergebnis bieten als feste Maschen, lass bitte **aus Sicherheitsgründen den Körper ungefüllt**. Die Gefahr ist zu hoch, dass kleine Babyfinger doch etwas Füllwatte entnehmen und verschlucken könnten.

Lass dich nicht von den **unterschiedlichen Wollfarben auf den Fotos** irritieren! Manchmal kann es vorkommen, dass ich einen zweiten Schmusigurumi für die Fotos gehäkelt habe, da man in der Originalfarbe auf den Schritt-für-Schritt-Fotos nichts erkennen würde.

Thema Verkauf

Meine Schmusigurumis und jede andere Amigurumi-Anleitung sind als fertiges Kuscheltier ein **Spielzeug nach der europäischen Spielzeugrichtlinie 2009/48/EG**. Außerdem sind sie als weichgefülltes Textilspielzeug für Kinder ab 0 Jahren einzuordnen. Das ist Gesetz und es gibt keine Ausnahme (Dekoration o. ä.)

Demnach dürfen Schmusigurumis, die nach meinen Anleitungen gehäkelt sind, **nur mit einem CE-Kennzeichen und vorheriger Prüfung mit gültiger Konformitätserklärung** verkauft werden.

Hilfe beim Thema rund ums CE-Kennzeichen findest du beim Verein Spielewert e.V.

Möchtest du gerne meine Schmusigurumis für den Verkauf anfertigen? Dann freue ich mich unheimlich über deine Nachricht per Email (lisbeths-haekelbande@gmx.de oder über Instagram @lisbeths_haekelbande).

Häkel-Grundlagen

Wie lese ich eine Häkelanleitung?

Alle Teile werden **in Spiralen gehäkelt**, d.h. dass am Rundenende keine KM zum Schließen der Runde gehäkelt wird. Ist eine Runde zu Ende, häkelst du einfach weiter. Markiere dir jedes Mal den Rundenanfang, damit du ihn nicht übersiehst. Das kannst du mit einem hübschen **Maschenmarkierer** oder einem andersfarbigen Faden machen.

Beispiel:

17. 3 fM, abn, (6 fM, abn) x 5, 3 fM (42)

Bedeutet:

Die fertige Runde 17 hat am Ende 42 Maschen.

Das Malzeichen hinter der Klammer gibt an, wie oft der Inhalt der Klammer nacheinander gehäkelt wird.

Es wird also folgendes gehäkelt:
3 feste Maschen, abnehmen, 5 x hintereinander 6 feste Maschen und abnehmen, 3 feste Maschen. Nach dieser Abfolge solltest du am Ende der Runde angekommen sein.

Tipps für das Häkeln mit Chenille

Solltest du dich gegen die hier empfohlene »Chenillove« von Rico Design entscheiden, kann das Häkeln mit Chenillegarn manchmal recht tückisch sein. Der Faden ist aufgebaut wie eine kleine Raupe, die einzelnen Fasern stecken zwischen dem Hauptfaden. Dadurch reißt herkömmliche Chenille leichter und kann auch wie verrückt fusseln. Das lässt sich leider nicht ändern und liegt dann am Hersteller. Daher meine klare Empfehlung für die »Chenillove«.

Hier sind aber einige Tricks, wenn du dich für eine andere Marke entscheidest:

Halte das Ende des Fadens vor dem Häkeln sehr kurz an eine Feuerzeugflamme. So verschmilzt das Ende und der Faden verliert weniger Fusseln.

Sollte dir der Magische Ring mit deinem gewählten Chenillegarn nicht glücken, versuche zuerst, ihn recht locker zu häkeln, damit beim Zuziehen nichts in Stocken geraten kann. Alternativ kannst du auch erst weniger Maschen als angegeben in den Ring häkeln, leicht zuziehen und dann noch die restlichen Maschen ergänzen. Oder als letzte Alternative häkelst du eine Luftmaschenkette aus 2 Luftmaschen und häkelst die angegebenen Maschen des Maschenrings in die erste gehäkelte Luftmasche.

Häkelinfos und Abkürzungen

Was benötigst du zum Häkeln?

- Häkelnadel
  hier: in Stärke 4,0
- Baumwollgarn in Schwarz und Weiß für die Details um die Augen herum und zum Aufsticken mancher Nasen
  hier: Schachenmayr Catania
  50 g / 125 m
- Chenillegarn
  hier: Ricorumi Chenillove
  110 g / 100 m
- Sicherheitsaugen mit einem Durchmesser von 12 mm
- Feuerzeug
- Eine Wollnadel/Stopfnadel mit einer stumpfen Spitze, wobei 2 Größen empfehlenswert wären (eine dicke Nadel für das Chenillegarn und eine dünne Nadel für die Baumwolle)
- Eventuell einen Maschenmarkierer
- Eventuell Stecknadeln, wenn du dir die Position der Augen vor dem Aufsticken markieren möchtest

Abkürzungen

Rh	Reihe
Rd	Runde
KM	Kettmasche
LM	Luftmasche
LMK	Luftmaschenkette
FW	Farbwechsel
MR	Maschenring
...	Instruktionen in eine Masche arbeiten
verd	in 1 Masche 2 Maschen häkeln / verdoppeln
abn	2 Maschen zusammen abnehmen
fM	feste Masche
hStb	halbes Stäbchen
hStb abn / hStb verd	halbes Stäbchen verdoppeln / abnehmen
Stb	Stäbchen
hMG	ins hintere Maschenglied einstechen
vMG	ins vordere Maschenglied einstechen
3. MG	arbeite in das 3. Maschenglied

Garn, Materialien und Werkzeuge

Natürlich bist du frei in deiner Wahl der Materialien und Werkzeuge, die du zum Häkeln benutzt. Ich möchte dir gern einen Einblick in meine Lieblingsmaterialien verschaffen.

Denke bitte daran, wenn du das Garn tauscht, auch eine Häkelnadel in geeigneter Größe zu verwenden. Das Schmusigurumi wird dann auf jeden Fall seine Größe ändern und es kann passieren, dass du einzelne Maschen beim Arbeiten verschieben musst.

Chenillegarn

Rico Design ist eine der führenden Brands für DIY-Produkte in den Bereichen Handstrick, Sticken, Stoffe, Papier, Party, Künstlermaterial, Basteln und Schmuck in Europa.

Die Garne von Rico Design sind aus der Handarbeitsszene nicht mehr wegzudenken. Im Spätsommer 2023 launchte Rico Design für seine tolle Produktpalette endlich ein Chenillegarn, das bei Häklern mittlerweile sehr beliebt ist.

Die »Chenillove« ist ein Chenillegarn, das sich wunderbar weich verhäkeln lässt und absolut nicht fusselt, wie es bei den herkömmlichen Chenillegarnen zu erwarten ist. Mit seiner Lauflänge von 110 m auf 100 g ist es auch wesentlich dicker als die herkömmlichen Baumwollgarne, die für Häkeltiere verwendet werden.

Warum habe ich mich für dieses Buch für die Chenillove entschieden?

Meine Prämisse beim Häkeln ist die Sicherheit bei den Häkeltieren.

Bei meiner Reise durch die Häkelwelt habe ich so einige Garne verhäkelt und erkenne die Merkmale von qualitativ hochwertigen Garnen. Wichtig sind mir nicht nur die Farbpalette, die Optik und Haptik der Garne, sondern auch, was in und hinter ihnen steckt.

Rico Design ist eine etablierte deutsche Firma, die weltweit liefert und sich der Verantwortung für Produktsicherheit stellt. Ich kann mich darauf verlassen, dass die Garne nicht nur Öko-Tex geprüft sind, sondern auch nach den besonders kritischen Tests für die Spielzeugnorm EN-71-3. Diese in Kombination mit Öko-Tex garantieren, dass die Garne schadstofffrei sind, was besonders wichtig für die Zielgruppe ist, die wir mit unseren Häkeltieren erreichen wollen – Kinder und Babys.

Natürlich erfreuen wir Großen uns auch sehr an den niedlichen Designs der Amigurumis, häkeln gerne für uns oder zum Verschenken. Dennoch haben wir eine Verantwortung, wenn das niedliche Kuscheltier auch in die Hände der Kleinsten gegeben wird.

Deshalb habe ich mich für mein Buch und meine Kuscheltiere für die Chenillove entschieden. Das Garn bietet eine wunderschöne Farbpalette, ist reißfester als alle anderen Chenillegarne, die ich bisher getestet habe, und fusselt beim Häkeln und im verhäkelten Zustand absolut nicht.

So macht einerseits das Häkeln mit Chenillewolle absoluten Spaß und ich kann meine fertigen Schmusigurumis andererseits auch mit einem guten Gewissen in die kleinen Hände abgeben, wo sie geschmust, geküsst und bei den Kleinsten auch gerne mal angeknabbert werden.

Baumwollgarn

Ich benutze zusätzlich zum Chenillegarn noch Baumwollgarn in Schwarz und Weiß. Damit sticke ich Augen, Nasen und Details im Gesicht auf und kann damit auch mal über eine Chenille-Naht nähen, um mehr Festigkeit zu erreichen.

Mein Lieblingsgarn hierfür ist »Catania« von Schachenmayr mit einer Lauflänge auf 125 m auf 50 g.

Häkelnadeln

Für Chenillegarn benutze ich sehr gerne eine Häkelnadel in der Stärke 4,0 mm. Solltest du das Gefühl haben, dass deine Maschen sehr locker sind oder dass du Löcher in deinem Maschenbild hast, so kannst du gerne auf die Stärke 3,5 mm ausweichen.

Meine absoluten Häkelnadeln sind die Aluminiumnadeln von Tulip Etimo mit Kautschukgriff. Diese sind zwar in der Anschaffung erst etwas teurer, ich kann mit ihnen aber stundenlang häkeln, ohne dass meine Hände oder Arme müde werden.

Sicherheitsaugen

Für meine Schmusigurumis verwende ich schwarze, runde Sicherheitsaugen mit einem Durchmesser von 12 mm. Ich achte bei meinen Häkeltieren darauf, dass sie nach der Spielzeugnorm EN 71-3 geprüft und damit schadstofffrei sind.

Solltest du für Kinder unter 3 Jahren häkeln, dann überlege, ob du die Augen nicht lieber mit Baumwollgarn aufstickst. In einem Tutorial zeige ich dir, wie das funktioniert.

Füllwatte

Der Körper der Schmusigurumis wird zwar nicht gefüllt, dafür aber fast jedes andere Körperteil. Fülle die Teile so mit Füllwatte, wie in der Anleitung angegeben.

Ich benutze keine herkömmliche Füllwatte, sondern verwende sehr gerne Polyesterhohlfasern. Diese sind auch oft in Kissenfüllungen zu finden, sind sehr flauschig, formstabil und trocknen sehr schnell, wenn sie nass werden.

Möchtest du diese Füllfasern auch einmal ausprobieren, so empfehle ich dir die Flausch-Faserkügelchen von *Hobbybest*.

Schere

Hier verwende ich am liebsten eine kleine Stickschere. Sie ist klein, handlich und besonders scharf.

Stopf- oder Wollnadeln

Um Fäden zu vernähen, Körperteile anzunähen oder Augen aufzusticken verwende ich Stopfnadeln. Diese haben im Gegensatz zu Nähnadeln eine stumpfe Spitze und so steche ich nicht zwischen das Garn.

Ich habe sie in 2 Größen, eine für das dicke Chenillegarn und eine kleine für Baumwollgarn.

Maschenmarkierer

Maschenmarkierer sind kleine Helfer, die dir beim Markieren der Spiralrunden helfen. Es ist wichtig, immer einen deutlichen Rundenabschluss zu markieren und als Anfänger auch nach jeder Runde die Maschenanzahl zu kontrollieren.

Das funktioniert mit Maschenmarkierern sehr gut, da du sie entweder in deine letzte Masche der Runde oder in die erste Masche der neuen Runde einhängst und dann immer weißt, wo deine Runde beginnt oder aufhört.

Das können richtig schicke Markierer mit Karabinern und Anhängern sein, oder günstigere aus Plastik. Ich nehme mir tatsächlich einfach einen Stück andersfarbigen Faden oder meinen Restfaden vom Beginn zur Hilfe.

Tutorial

Maschenarten

Luftmasche (LM)

Greife mit der Nadel den Arbeitsfaden und ziehe ihn durch die Schlaufe auf deiner Nadel.

Kettmasche (KM)

Stich mit der Nadel durch die Masche und greife den Arbeitsfaden. Ziehe ihn durch die Masche und gleichzeitig durch die Schlaufe auf der Nadel.

Feste Masche (fM)

Stich mit der Nadel durch die Masche und greife den Arbeitsfaden. Ziehe ihn durch die Masche (2 Schlaufen auf der Nadel). Greife erneut nach dem Arbeitsfaden und ziehe ihn durch beide Schlaufen auf der Nadel. Das Durchziehen durch die Schlaufen, also das Beenden einer Masche, nennt man auch Abmaschen.

Halbes Stäbchen (hStb)

Mache einen Umschlag, also lege den Arbeitsfaden von hinten nach vorne auf deine Nadel und stich durch die nächste Masche. Hole den Arbeitsfaden durch die Masche (3 Schlaufen auf der Nadel) und masche durch alle 3 Schlaufen gemeinsam ab.

Stäbchen (Stb)

Mache einen Umschlag, also lege den Arbeitsfaden von hinten nach vorne auf deine Nadel und stich durch die nächste Masche. Hole den Arbeitsfaden durch die Masche (3 Schlaufen auf der Nadel) und masche zuerst nur durch die 2 ersten Schlaufen auf der Nadel ab (2 Schlaufen auf der Nadel). Greif erneut den Arbeitsfaden und masche die 2 letzten Schlaufen auf der Nadel ab.

Verdoppeln / zunehmen (verd)

Arbeite 2 Maschen in eine Masche. Das funktioniert mit jeder Maschenart.

Abnehmen / zusammenhäkeln (abn)

Stich in die nächste Masche ein und hole den Faden durch die Masche (2 Schlaufen auf der Nadel). Stich in die darauffolgende Masche ein und hole erneut den Faden (3 Schlaufen auf der Nadel). Hole den Arbeitsfaden und masche durch alle 3 Schlaufen zusammen ab. Ich empfehle dir für Amigurumi die Technik der »unsichtbaren Abnahme«, da diese wesentlich unauffälliger aussieht und du keine Löcher im Maschenbild bekommst.

Halbe Stäbchen Abnehmen / zusammenhäkeln (hStb abn)

Mache einen Umschlag und stich in die nächste Masche ein, hole den Faden durch die Masche (3 Schlaufen auf der Nadel). Mache erneut einen Umschlag und stich durch die nächste Masche durch, hole dort den Faden (5 Schlaufen auf einer Nadel). Masche jetzt durch alle 5 Schlingen gemeinsam ab.

Verbleibende Öffnungen (letzte Maschen der Runde) schließen

Wenn am Ende deiner Arbeit Maschen übrig bleiben (z.B. bei den Köpfen), schneide den Faden mit einem ca. 25 cm langen Rest ab und ziehe ihn mithilfe einer Stopfnadel durch die vorderen Maschenglieder der verbliebenen Maschen. Ziehe vorsichtig am Restfaden und das Loch schließt sich. Vernähe anschließend den Restfaden im Körper.

Die Arbeit beenden

Schneide am Ende deiner Arbeit den Arbeitsfaden ab. Lasse dabei immer eine geeignete Länge, damit du den Restfaden noch gut vernähen kannst. Schau in der Anleitung nach, ob du nicht sogar ein noch längeres Reststück benötigst, um dein gehäkeltes Teil irgendwo anzunähen.

Die Fäden vernähen

An einem flachen Häkelstück kannst du den Faden auf der linken (unschönen) Seite vernähen, indem du ihn mit der Stopfnadel durch die Maschenkörper fädelst.

In einem dreidimensionalen Körper führst du den Restfaden möglichst einmal quer durch den Körper. Optimal ist es, wenn du noch weitere Fäden vom Annähen anderer Teile hast. Dann verlasse ich mit allen Fäden das Innere durch die selbe Masche, kann die Restfäden verknoten und im Inneren verstecken. Im Tutorial zum »Augen sticken« siehst du, wie das gemeint ist.

Wichtige Häkeltechniken

Anfangsschlaufe

Lege den Faden wie im Bild gezeigt übereinander. Lasse den Anfangsfaden (oben) gern ein bisschen länger als hier gezeigt. Geh mit der Häkelnadel unter die Schlaufe und greife den Restfaden.

Führe ihn unter der Schlaufe hindurch.

Ziehe die Schlinge zu.

Deine Anfangsschlaufe sitzt nun auf der Nadel. Ziehe sanft am Restfaden, um sie etwas enger um die Nadel zu schlingen.

Maschenglieder – was ist wo?

Im Prinzip kannst du an deinem Häkelstück 3 Maschenglieder erkennen und wirst im Verlauf der Anleitungen zu den Schmusigurumi auch immer wieder dazu aufgefordert, eine Runde nur in ein bestimmtes der Maschenglieder zu häkeln.

Hier zeige ich dir, wo du sie findest:

Die Stecknadel steckt im vorderen Maschenglied:

Die Stecknadel steckt im hinteren Maschenglied:

Die Stecknadeln stecken im 3. Maschenglied. Du findest es, indem du dein Häkelstück etwas zu dir neigst, es liegt wie eine kleine, waagerechte

Brücke hinter dem hinteren Maschenglied:

Dort hineinzuhäkeln kann sich als äußerst tückisch ausweisen.

Als Tipp: Du kannst eine Häkelnadel kleiner verwenden, um eine Runde in die 3. Maschenglieder zu häkeln, das wird später nicht auffallen. Du kannst dir auch mit einer großen Stopfnadel die Maschenglieder etwas auflockern, bevor du mit der Häkelnadel einstichst.

Sollte es dir gar nicht gelingen, eine Runde in die 3. Maschenglieder zu häkeln, so kannst du alternativ auch das hintere Maschenglied nehmen.

So sieht die Runde aus, nachdem du in das 3. MG gehäkelt hast.

Und rechts siehst du, wo nach dieser Runde deine erste Masche der neuen Runde ist.

Maschenring / Magic Ring

Du wirst auf deiner Reise durch das Häkeln auf unfassbar viele Arten treffen, wie man den gefürchteten Maschenring häkelt. Hier zeige ich dir meinen Weg. Dies ist nicht der beste oder einfachste Weg, führt aber bei mir seit Jahren immer zum Erfolg, selbst mit dem kniffligsten Garn. Auf YouTube kannst du meine Anleitung auch als Video anschauen.

Häkeln des Magic Rings

Lege den Faden mit einem langen Stück als Restfaden von vorne nach hinten über deinen kleinen Finger.

Führe ihn hinter Ring- und Mittelfinger wieder nach vorne.

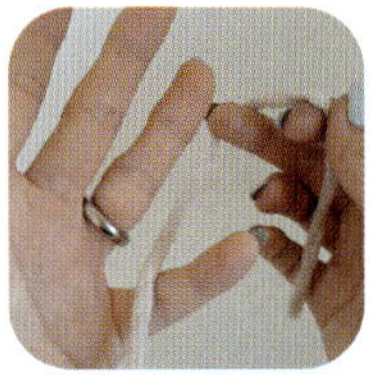

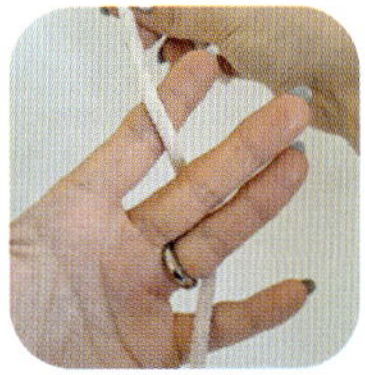

Lege ihn einmal von vorne nach hinten um den Zeigefinger herum und führe ihn am Daumen vorbei.

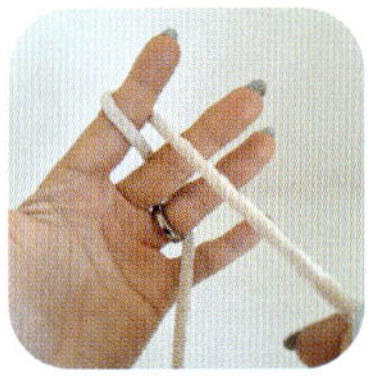

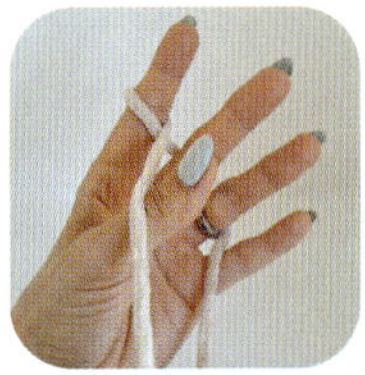

Wickel den Faden 2 mal, wie auf dem Bild zu sehen ist, um den Daumen und halte mit dem kleinen Finger und dem Ringfinger das Fadenende fest. Halte den Faden etwas auf Spannung.

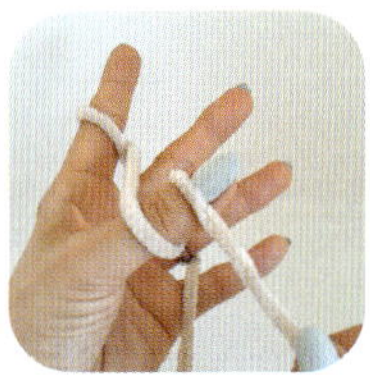

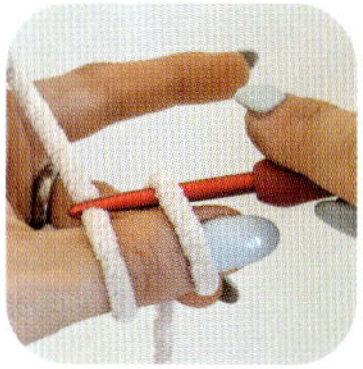

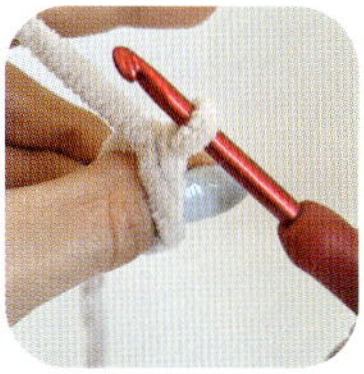

Mit der Häkelnadel stichst du nun unter die erste Daumenschlaufe und greifst nach der zweiten.

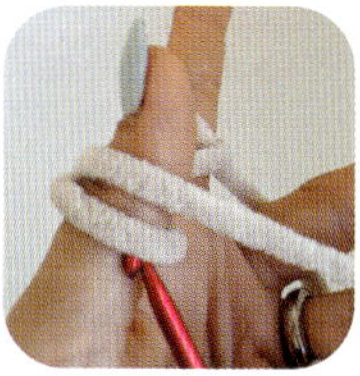
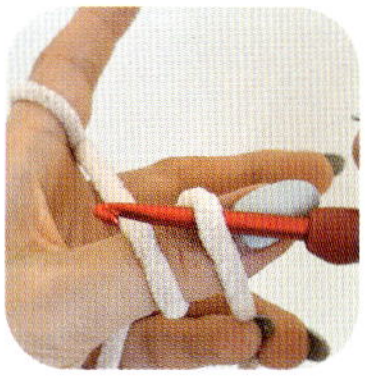

Ziehe die zweite Schlaufe durch die erste hindurch und drehe die Nadel nach oben.

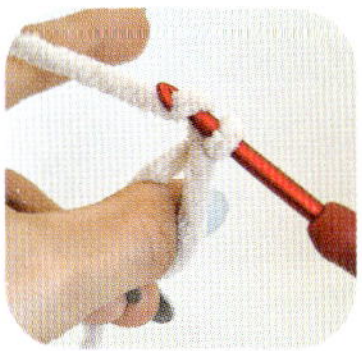
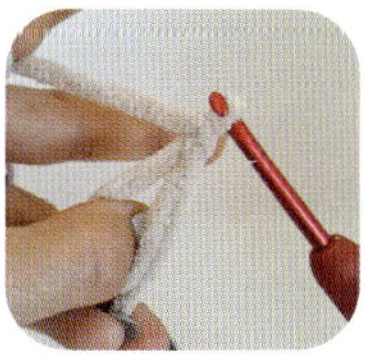

Greife nach dem Faden, der sich zwischen Daumen und Zeigefinger spannt, und ziehe ihn durch die Schlaufe auf der Nadel. Damit häkelst du eine Luftmasche in den Ring und sicherst ihn damit. Diese Masche zählt noch nicht zu den angegebenen Maschen in der Anleitung. Du kannst nun deinen Ring von den Fingern nehmen und deinen Arbeitsfaden wie gewohnt auf deine Hand nehmen. Nun startest du mit den Maschen in den Maschenring. Wichtig ist, dass du mit der Nadel durch den Ring stichst, also unter den zwei Fäden hindurch, und dort dann deinen Faden holst.

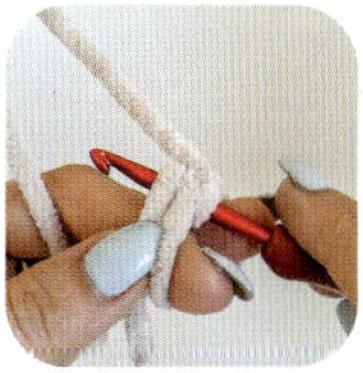
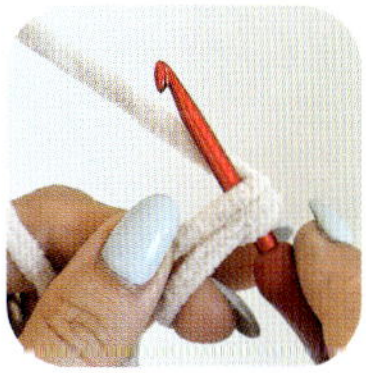

Hole den Faden und häkle deine feste Maschen.

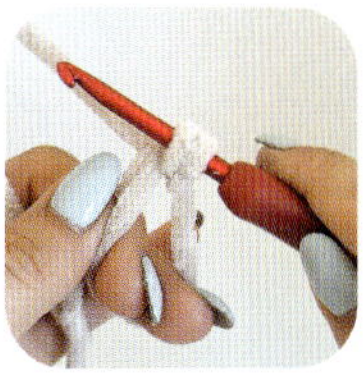
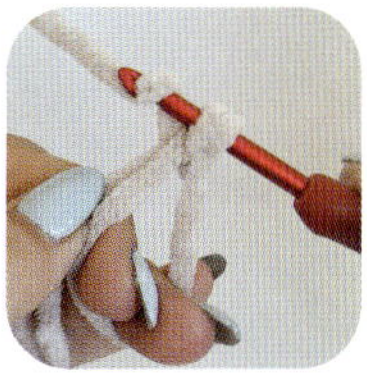

Das Gleiche funktioniert dann auch beim Körper mit halben Stäbchen.

Ziehe am Schluss am Restfaden, damit sich der Maschenring schließt. Markiere deine erste Masche und häkle, wie in der Anleitung beschrieben. In meinen Anleitungen wird in Spiralrunden gehäkelt, also wird die gehäkelte Runde nicht mit einer KM geschlossen, sondern du markierst deinen Rundenanfang oder dein Rundenende und häkelst in Runden weiter.

Stehende Maschen häkeln / Maschen ansetzen

Ab und an ist es nötig, an einem fertigen Körperteil den Faden neu anzusetzen, um dort weiter zu häkeln, zum Beispiel für die Füße von Otter Biscuit oder die Füße von Ente Puddles. Hier zeige ich dir, wie du das machst:

Stich mit der Häkelnadel in die Masche ein oder unter einer Masche hindurch, wo du den Faden und damit die nächste Masche ansetzen möchtest. Den Arbeitsfaden halte ich dabei schon auf der Hand.

Hole mit der Häkelnadel den Arbeitsfaden und ziehe ihn durch die Masche hindurch.

Sichere die Schlaufe auf deiner Nadel mit einer Luftmasche.
Stich nun in dieselbe Masche noch einmal ein.

Häkle eine feste Masche. Diese ist nun deine erste Masche für die weitere Arbeit. Ziehe sanft an dem Restfaden und die erste Luftmasche vom Beginn wird verschwinden. Diese Luftmasche wird auch nicht mitgezählt im Laufe der Arbeit. Nun kannst du weiterhäkeln, wie es die jeweilige Anleitung vorsieht.

Unsichtbare Abnahmen

Ich zeige dir einen tollen Trick, damit man bei deinen Amigurumi die Abnahmen nicht mehr deutlich im Muster erkennt. Ich empfehle dir, diese Technik zu lernen, damit deine Häkeltiere noch ordentlicher aussehen.

Stich mit deiner Häkelnadel in die erste Masche ein, die zusammengehäkelt werden soll. Stich dabei aber nur in das vordere Maschenglied ein.

Nun stichst du zusätzlich noch in die zweite Masche ein, die abgenommen werden soll. Auch hier bitte nur in das vordere Maschenglied.

Greife den Arbeitsfaden und ziehe ihn durch beide Maschenglieder.

Hole nun nochmal den Faden und masche beide Schlaufen auf der Nadel ab.

Runde unsichtbar schließen

Natürlich kann man als Schlussmasche auch eine Kettmasche häkeln, den Faden abschneiden und vernähen oder den Faden noch zum Annähen des Körperteils verwenden.

Ich zeige dir hier meine Art, eine Runde zu schließen. Dabei gibt es nicht den gewöhnlichen Absatz wie beim Schließen mit einer Kettmasche.

Beende die Häkelarbeit und ziehe den Faden auf eine Sticknadel. Überspringe eine Masche (die mit der Stecknadel) und stich in die nächste Masche ein.

Stich nun mit der Nadel wieder in die ehemalige Schlussmasche ein, aber nicht in die komplette, sondern nur in das hintere Maschenglied.

Ziehe sanft am Fadenende und verschließe so deine Runde.

Luftmaschenkette umhäkeln

Die Sticknadel zeigt dir die Position, in die du nun einstichst und weiter häkelst. Das hier ist übrigens die 2. Masche von der Nadel, die in den Anleitungen immer angegeben wird.

Stich in die 2. Masche von der Nadel aus mit deiner Häkelnadel in die Luftmaschenkette und häkle die Anzahl von Maschen, die die Anleitung vorgibt.

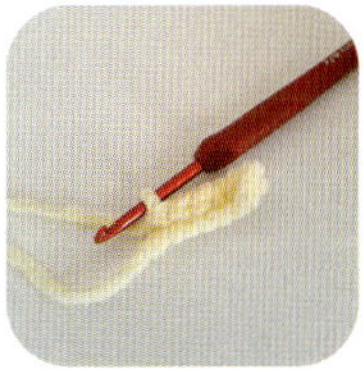

In die letzte Masche werden meist Verdrei- oder Vervierfachungen gehäkelt. Du siehst schon, dass du dabei automatisch eine Rundung häkelst.

Die Stecknadel zeigt wieder die Position an, die jetzt weiter behäkelt wird. Es ist quasi die Rückseite der Luftmaschenkette.

Häkle hier weiter, wie es dir die Anleitung vorgibt. Du bist nun wieder am Anfang der ehemaligen Luftmaschenkette und hast eine Runde gearbeitet.

Markiere dir nun das Ende dieser Runde, bzw. den Anfang der nächsten Runde. Die Nadel zeigt dir wieder die Position, in der die erste Masche der nächsten Runde gehäkelt wird.

Doppelte Luftmaschenkette

In diesem Tutorial zeige ich dir eine besondere Art der Luftmaschenkette. Damit häkelst du eine Kordel, die du entweder für den Start eines Amigurumi benutzen kannst, um dort eine gewöhnliche Luftmaschenkette zu ersetzen, oder du benutzt sie bei manchen Schmusigurumi für den Schwanz wie bei Nilpferd Käthe oder als Antennen bei Biene Alvi. Auf den folgenden Bildern siehst du, wie ich den Schwanz bei Käthe häkle.

Starte mit einem langen Restfaden. Er sollte je nach Endlänge der fertigen Kette mind. 20 cm betragen. Stich nun dort in den Körper ein, wo es dir die jeweilige Anleitung vorgibt, oder starte mit einer Anfangsschlaufe.

Hole den Faden einmal mit der Häkelnadel durch den Körper durch. Lege nun den Restfaden von vorne nach hinten über die Nadel.

Ziehe nun den Arbeitsfaden durch beide Schlaufen auf der Nadel. Damit ist deine erste Masche fertig.

Wiederhole den Prozess. Lege für jede neue Masche den Restfaden von vorne nach hinten über die Nadel und masche durch beide Schlaufen auf der Nadel mit dem Arbeitsfaden zu einer Masche ab. Am Ende der angegebenen Masche schneidest du für Antennen oder Tierschwänze den Faden mit einem Rest zum Vernähen ab und ziehst den Arbeitsfaden durch die letzte Masche.

Nähe mit den Restfäden immer durch ein Maschenglied der doppelten Luftmaschenkette zurück bis zum Körper.

Am Körper angekommen, vernähst du die Fäden im Körper. Führe beide Restfäden durch eine gemeinsame Masche aus dem Körper heraus, verknote sie und verstecke den Knoten im Körper.

Farbwechsel

Ab und zu wird es nötig sein, dass du einen Farbwechsel beim Häkeln vornimmst. Die einfachste Methode erkläre ich dir hier. Achte nur darauf, dass du die nötige Spannung beim Wechsel hältst, damit sich das Häkelstück nicht verzieht.

Starte mit dem Farbwechsel zur neuen Farbe immer in der letzten Masche der alten Farbe. Auf dem Bild siehst du eine angefangene feste Masche, die darauf wartet, abgemascht zu werden. Dafür halte ich schon als Arbeitsfaden die neue Farbe bereit.

Masche mit der neuen Farbe die letzte Masche der alten Farbe ab. Häkle mit der neuen Farbe nun weiter.

Techniken für die Fertigstellung

Körperteile zusammenhäkeln

Lege die Kanten des Häkelstücks aufeinander. Stich mit deiner Nadel durch beide Lagen hindurch.

Greif den Faden mit der Nadel und ziehe ihn durch beide Lagen hindurch.

Masche deine feste Masche ab.

Wiederhole die vorherigen Schritte, schneide am Ende den Faden ab und vernähe ihn im Körperteil.

Körperteile anhäkeln

Halte das anzuhäkelnde Körperteil an den Körper.

Für das halbe Stäbchen, das hier durch den Arm und den Körper gehäkelt wird, machst du einen Umschlag auf der Nadel.

Stich mit den Häkelnadel zunächst durch die Verschlussmaschen des Körperteils (hier ein Vorderbein).

Im gleichen Zug stichst du auch durch die passende Masche am Körper.

Hole den Arbeitsfaden nun durch die 2 Schichten (Körper und Arm) und masche dein halbes Stäbchen ab.

Wiederhole die Schritte passend zu den Angaben in der jeweiligen Häkelanleitung.

Körper annähen

Die Position für den Körper ist immer unten am Kopf, wo du auch die Endknoten vom Vertiefen der Augen hast. Außer bei Juri, der hat seinen Kopf leicht nach unten geneigt und du musst den Kopf etwas geneigt annähen.

Wenn du mit der Ricorumi Chenillove arbeitest, kannst du ruhig auch den Endfaden zum Annähen benutzen. Wenn du eine andere Wolle benutzt und der Zugfestigkeit nicht traust, so kannst du später noch einmal mit einem Baumwollfaden über die Naht drübernähen.

Der Knoten vom Augenvertiefen markiert die Mitte der Körpernaht. Halte also den Körper mittig ausgerichtet an den Kopf. Davon ausgehend zählst du nun 2-3 Maschen zur Seite und stichst in den Kopf ein.

Zähle 5 Maschen zur gegenüberliegenden Seite und komme an dieser Position mit der Nadel aus dem Kopf heraus.

Stich in das vordere Maschenglied der letzten Schlussmasche des Körpers und fixiere somit grob den Körper am Kopf.

Für die vordere Naht stichst du nun jeweils in ein vorderes Maschenglied des Körpers und in eine Masche am Kopf ein.
Wiederhole den Prozess auf der Rückseite. Dort nähst du durch die hinteren Maschenglieder der Schlussmaschen und den Kopf. Vernähe am Ende den Faden sehr gut im Kopf.

Haare anhäkeln

Suche dir die Position, auf der du die Haare anhäkeln möchtest, und stich mit der Häkelnadel einmal unter der Masche durch. In diesem Beispiel ist es Juris Kopf und ich steche mit der Nadel einmal in den Kopf ein, unter einer Masche hindurch und komme mit der Häkelnadel wieder aus dem Kopf heraus. In der anderen Hand halte ich bereits meinen Arbeitsfaden.

Greife mit der Nadel den Arbeitsfaden und ziehe ihn einmal unter der Masche entlang durch den Kopf hindurch.

Sichere die Schlaufe auf deiner Nadel mit einer Luftmasche.

Häkle weitere Luftmaschen als Kette. Häkle so viele, wie in der Anleitung angegeben.

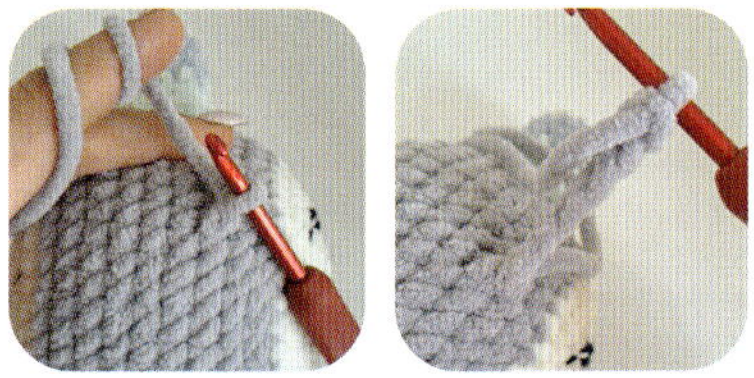

Sichere die Haarsträhne, indem du durch dieselbe Anfangsmasche durchstichst, den Faden holst und eine Kettmasche häkelst.

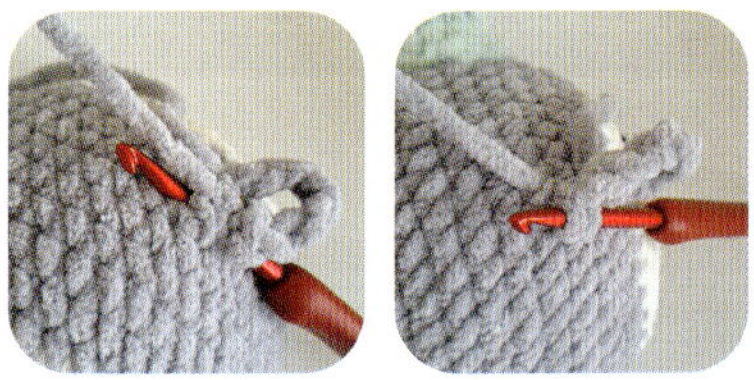

Häkle weitere Haarsträhnen, indem du nun den Prozess eine Masche links neben deiner gerade gearbeiteten Strähne wiederholst.

Zum Beenden schneidest du den Faden ab, ziehst ihn mit der Häkelnadel durch die letzte gearbeitete Masche (in diesem Fall die Kettmasche zum Sichern der Strähne) und vernähst die Restfäden im Körperteil. Hier empfehle ich auch, mit einer Nadel den Anfangs- und den Schlussfaden durch eine gemeinsame Masche zu führen, die beiden Fäden miteinander zu verknoten und den Knoten im Körperteil zu verstecken.

Augen aufsticken

Ein paar Worte vorweg: Hier zeige ich dir, wie ich bei Papageientaucher Juri die Augen aufgestickt habe. Die Technik als solches verwende ich bei allen meinen Amigurumi. In Juris Fall sticke ich die Augen über 3 Maschen hinweg. Im Normalfall sind die gestickten Augen bei mir immer 2 Maschen hoch. Probiere dich einfach aus und entscheide selber, wie du es schön findest.

Starte mit einem langen Stück schwarzem Baumwollgarn, stich mit der Nadel in den Kopf ein und komm an der ersten Position für dein gesticktes Auge wieder heraus.

Dann stichst du in die zweite Position für das Auge ein.

Nun stichst du 6-8 mal in die selben Maschen ein, damit ein schwarzer Augenfleck entsteht.

Nimm nun ein Stück weißen Baumwollfaden, führe die Nadel in den Kopf und komme mit dem Ende am oberen Augenrand heraus.

Stich in die Mitte des Auges mit der Nadel ein und schaffe so einen weißen Augenfleck. Komme mit der Nadel am unteren Augenrand heraus.

Führe den Faden mit der Nadel wieder zum oberen Rand, stich dort mit der Nadel ein und komme in der Mitte des Auges am Rand mit der Nadel wieder heraus. Führe deine Nadel unter den weißen Strich, den du gerade geschaffen hast.

Schlinge einmal den weißen Faden über und stich wieder in dieselbe Masche von eben ein (die, die in der Mitte des Auges war). Mit der kleinen Schlinge hältst du das Augenweiß genau an seiner Position.

Führe den weißen Faden durch den Kopf wieder zum Anfangspunkt zurück und verknote die Enden. Schneide die Reste kurz ab und verstecke die Knoten im Kopf.

Mit dem schwarzen Baumwollfaden kannst du noch Wimpern aufsticken.

Sicherheitsaugen anbringen

Verwende bitte nur Sicherheitsaugen, die auch auf die Norm EN71-3 getestet sind. Auch, wenn diese Exemplare etwas teurer sind und nicht in vorsortierten Boxen daherkommen, denke daran, dass die Häkeltiere auch immer für Kleinkinder und Babys sicher sein müssen.

Ich erkläre dir hier, wie ich meine Sicherheitsaugen anbringe und zusätzlich sichere. Sicherheitsaugen sind verschluckbare Kleinteile, wenn sie aus dem Kuscheltier herausgerissen werden können, und bergen damit ein großes Gefahrenpotenzial, wenn diese verschluckt oder eingeatmet werden.

Stelle immer sicher, dass du die Plättchen der Sicherheitsaugen richtig herum anbringst und sie auch sicher einrasten.

Zusätzlich dazu nehme ich mir ein Feuerzeug und schmelze vorsichtig die Enden der Sicherheitsaugen an. Bitte sei dabei sehr vorsichtig und halte das Feuerzeug nur an das Auge.

Pass auch bitte auf, dass das heiße Plastik nicht deine Haut berührt!

Wenn das Plastik angeschmolzen ist, kannst du mit dem Feuerzeug den Stiel vorsichtig flachdrücken.

Augen vertiefen

Das Vertiefen der Augen ist für meine Schmusigurumi essentiell. Natürlich funktioniert es auch ohne, dennoch lege ich dir diese Technik sehr ans Herz. Damit kannst du die Gesichter richtig formen und deine Häkeltiere werden danach noch niedlicher erscheinen.

Halte den jeweiligen fertigen Kopf so vor dich, dass du auf die Unterseite schaust. Such dir dort die exakte Mitte und stich 1 oder 2 Maschen links davon mit deiner Nadel und einem langen Stück weißen Baumwollfaden in den Kopf ein.

Der Austrittspunkt deiner Nadel ist das erste Auge (hier das Linke, wenn ich dem Kopf frontal ins Gesicht schaue).
Du solltest versuchen, so nah an den linken Augenrand zu kommen wie möglich.

Stich als nächstes am rechten Augenrand, wieder so nah am Auge, wie möglich, in den Kopf ein und führe die Nadel wieder nach unten Richtung erste Einstichstelle. Deine Nadel tritt eine Masche weiter rechts neben dem Eintritt aus dem Kopf heraus.

Wieder eine Masche weiter rechts stichst du erneut in den Kopf ein und führst die Nadel zum rechten Auge.

Wiederhole den Prozess am rechten Auge.
Du endest mit 4 Fadenenden unten am Kopf.

Mit einem kräftigen Zug an allen 4 Fadenenden vertiefst du die Augen und siehst sofort, wie sich das Gesicht verändert.

Verknote die Fadenenden. Du brauchst etwas Übung, damit du den Zug auf die Augen während des Knotens aufrecht erhältst. Ich verspreche dir, es lohnt sich!
Die Restfäden kannst du einkürzen. Hier wird später die Naht des Körpers darüber hinweglaufen.

Akzente an den Sicherheitsaugen sticken

Du benötigst hierfür:

- schwarze und weiße Baumwolle. Meine Empfehlung: Schachenmayr Catania, 50 g / 125m in Schwarz und Weiß.
- eine stumpfe Sticknadel
- eine Schere

Starte mit dem weißen Baumwollfaden und stich in den Kopf in der Nähe des linken Sicherheitsauges ein. Stich mit der Nadel am inneren Augenwinkel wieder heraus.

Stich mit der Nadel an der gegenüberliegenden Seite, ganz nah am Auge, wieder ein. Der nächste Ausgangspunkt der Nadel ist am äußeren Augenwinkel.

Geh mit der Nadel unter den weißen Faden und stich erneut in die Masche ein, aus der der Faden bisher kommt. Ziehe das Ganze vorsichtig fest.
Dieser Schritt ist dazu da, das Augenweiß an Ort und Stelle zu fixieren.

Arbeite nun mit dem schwarzen Baumwollfaden. Stich in der Nähe des Auges in den Kopf ein und verlasse ihn wieder in der Masche, wo du die Wimpern gerne setzen möchtest. Bei mir ist das meistens eine Masche vom Auge entfernt.

Führe den Faden oben am Auge entlang und stich in den äußeren Augenwinkel ein. Ziehe den Faden sanft fest. Entweder du belässt es nun bei einer Wimper oder du stickst eine zweite.

Finde die richtige Position für die zweite Wimper und wiederhole den letzten Schritt.

Führe den Faden innerhalb des Kopfes an die Position, wo du die Augenbrauen aufsticken möchtest. Komme dort mit der Nadel aus dem Kopf heraus und stich in der Position wieder in den Kopf ein, wo die Augenbraue endet.

Zum Schluss führst du die Nadel innerhalb des Kopfes zurück zu der Masche, wo du zu Beginn in den Kopf eingestochen hast.

Verknote beide Baumwollfäden, schneide die Restfäden ab und verstecke den Knoten innerhalb des Kopfes.

Nase sticken

Nasen sticke ich gerne mit schwarzer Baumwolle. Achte darauf, dass du genug aufstickst, es sollte kein Chenille mehr durch die Nase durchblitzen. Auch das ist eine Sache, die eventuell etwas Übung benötigt, sich aber sehr lohnt.

In diesem Beispiel zeige ich dir, wie ich Arlos Nase sticke. Das Prinzip kannst du aber bei jeder anderen Anleitung anwenden, wo es nötig ist. Am Anfang kann es hilfreich sein, dir die Position der Nase mit Sicherheitsnadeln anzupinnen.

Stich mit der Nadel und dem Baumwollfaden in die Schnauze ein und komme an Position 1 wieder heraus.

Stich bei Position 2 mit deiner Nadel ein und komm an Position 3 wieder heraus.

Nun arbeitest du dich von rechts nach links, von Position 2 nach Position 3 vor. Wichtig ist, dass du immer wieder exakt bei Position 1 unten einstichst, damit die Nase ein exaktes Dreieck bildet.

Am Ende von Arlos Nase kannst du gern noch zweimal horizontal von Position 2 zu 3 sticken. Zum Schluss führst du aber den Faden wieder zu Position 1.

Denn bei Arlo sticken wir nun noch ein kleines Schnäuzchen ca. 3 Runden nach unten.

Am Ende verknotest du beide Baumwollfäden wieder miteinander und versteckst den Knoten in der Schnauze.

Ein paar Hinweise ...

Du kannst dir dieses Tutorial mit großen Bildern zusätzlich auch von folgender Website herunterladen:

https://www.mitp.de/0902

Du kannst auch meinen YouTube-Kanal besuchen. Dort findest du viele hilfreiche Videos, die dich bei deinen ersten Häkelschritten unterstützen:

https://www.youtube.com/ @LisbethsHaekelbande

Arlo, der Welpe

Infos & Material

Materialien:

- Chenillove 002 – Natur (1 1/2 Knäuel = ca. 165 m)
- Chenillove 012 – Braun (1/2 Knäuel = ca. 55 m)
- 4,00 mm Häkelnadel
- 12 mm Sicherheitsaugen

Größe: ca. 30 cm

Schwierigkeitsgrad: 1

Kopf

Beginne in Braun.

Starte mit einer Luftmaschenkette aus 6 LM (siehe Tutorial).

1. Beginne in der 2. Masche von der Nadel aus und häkle nun 4 fM, 3 fM in die letzte Masche der Reihe. In die hinteren Maschenglieder der LMK häkelst du 3 fM, verd (12)
2. verd, 3 fM, (verd) x 3, 3 fM, (verd) x 2 (18)
3. fM, verd, 3 fM, (fM, verd) x 3, 4 fM, verd, fM, verd, (24)

4.-5. 24 fM (24) 2 Rd

6. (1 fM, verd) x 6, 12 fM (30)

Farbwechsel zu Natur.

7. 2 fM, (1 fM, verd) x 6, 16 fM (36)
8. 2 fM, (2 fM, verd) x 6, 16 fM (42)
9. 42 fM (42)
10. (6 fM, verd) x 6 (48)

Setze während der nächsten 7 Runden schon einmal die Sicherheitsaugen ein, wenn du welche verwenden möchtest. Sie befinden sich zwischen Runde 9 und 10 und es befinden sich ca. 16 Maschen zwischen den eingesetzten Augen.

11.-17. 48 fM (48) 7 Rd

18. (6 fM, abn) x 6 (42)
19. (5 fM, abn) x 6 (36)
20. (4 fM, abn) x 6 (30)
21. (3 fM, abn) x 6 (24)

Beginne, den Kopf mit Watte zu füllen. Fülle kontinuierlich weiter.

22. (2 fM, abn) x 6 (18)
23. (1 fM, abn) x 6 (12)
24. (abn) x 6 (6)

Faden lang abschneiden. Ziehe mit einer Nadel den Faden durch die verbleibenden 6 vMG und ziehe anschließend an dem Restfaden, um das Loch zu schließen. Der Restfaden wird im Kopf vernäht.

Ohren (2x)

Häkle in Braun und Natur. Häkle jeweils ein Ohr in jeder Farbe.

1. 6 fM in einen MR (6)
2. (verd) x 6 (12)
3. 12 fM (12)
4. (1 fM, verd) x 6 (18)
5. 18 fM (18)
6. (2 fM, verd) x 6 (24)

7.-9. 24fM (24) 3 Rd

Die Ohren werden nicht mit Watte gefüllt.

Nun werden die Ohren mit ca. 11 fM zusammengehäkelt, indem du die Kanten aufeinanderlegst.

Schneide den Faden ab und lass dabei einen langen Restfaden übrig, um die Ohren später am Kopf festzunähen.

Beine (4x)

Häkle ein Bein in Braun und drei Beine in Natur.

1. 6 fM in einen MR (6)
2. (verd) x 6 (12)
3. (1 fM, verd) x 6 (18)
4. (2 fM, verd) x 6 (24)

5.-6. 24 fM (24) 2 Rd

7. 6 fM, (abn) x 6, 6 fM (18)
8. 6 fM, (abn) x 3, 6 fM (15)

9.-13. 15 fM (15) 5 Rd

Stopfe die Pfote mit Füllwatte aus. Das Bein bleibt ungefüllt, damit es später nicht absteht.

14. (1 fM, abn) x 5 (10)
15. abn, 8 fM (9)

Lege nun die Kanten aufeinander und prüfe, ob die gebildete Kante parallel zur Fußsohle verläuft.

Wenn das nicht der Fall ist, häkle so viele fM, wie du dafür benötigst, oder öffne bereits gehäkelte Maschen. Läuft die Kante wie gewünscht, häkle das Bein mit 4 fM zu.

Schwanz

Häkle in Braun.

1. 6 fM in einen MR (6)

2.-3. 6 fM (6) 2 Rd

4. (2 fM, verd) x 2 (8)

5.-9. 8 fM (8) 5 Rd

10. (3 fM, verd) x 2 (10)

11.-12. 10 fM (10) 2 Rd

Der Schwanz wird nicht mit Watte gefüllt.

Lege die Kanten aufeinander und häkle den Schwanz mit 4 fM zusammen.

Schneide den Faden ab und vernähe den Rest im Inneren.

Körper

Achte nun darauf, dass der Körper bis auf die letzte Runde aus halben Stäbchen gehäkelt wird. Dies betrifft auch die Zu- und die Abnahmen. Zusammengehäkelt wird der Körper dann mit festen Maschen.

1. 6 hStb in einen MR (6)
2. hStb verd x 6 (12)
3. (1 hStb, hStb verd) x 6 (18)
4. (1 hStb, hStb verd) x 9 (27)
5. In dieser Runde werden die Hinterbeine und der Schwanz mit eingehäkelt:

   5 hStb, hStb verd, (4 hStb durch das erste Bein und den Körper, die Pfotenspitze zeigt dabei nach links), 6 hStb, (4 hStb durch Bein 2 und den Körper, die Fußspitze zeigt dabei nach rechts), hStb verd, 5 hStb, hStb verd (das zweite hStb der Verdopplung dabei schon durch den Schwanz (30)
6. (3 hStb durch den Schwanz und den Körper), hStb, hStb verd, (4 hStb, hStb verd) x 5 (36)
7. (5 hStb, hStb verd) x 6 (42)
8. (6 hStb, hStb verd) x 6 (48)

9.-10. 48 hStb (48) 2 Rd

11. (6 hStb, hStb abn) x 6 (42)
12. 42 hStb (42)

13. (5 hStb, hStb abn) x 6 (36)
14. (4 hStb, hStb abn) x 6 (30)

Jetzt werden die Vorderbeine mit eingehäkelt:

15. (3 hStb, hStb abn) x 2, (4 hStb durch Bein 1 und Körper, die Pfote zeigt nach links), hStb abn, 2 hStb, hStb abn, 2 hStb, hStb abn, (4 hStb durch Bein 2 und Körper, die Pfote zeigt nach rechts), hStb abn (24)
16. (2 hStb, hStb abn) x 6 (18)
17. (1 hStb, hStb abn) x 6 (12)

Der Körper bleibt ungefüllt.

Häkle jetzt 1 fM oder so viele, wie nötig, damit du die Kante parallel zum Körper mit 5 fM zusammenhäkeln kannst. Schneide den Faden mit einem langen Reststück ab. Mit diesem Restfaden nähst du später den Kopf an den Körper.

Fertigstellung

Nähe die Ohren zwischen den Runden 14 und 15 an. Zwischen den Ohren befinden sich bei mir 5 Maschen. Du kannst aber durchaus die Position der Ohren variieren, um damit auch Arlos Gesichtsausdruck zu verändern.

Vertiefe die Augen und sticke Arlo Details am Auge auf:

Benutze dafür weißen Baumwollfaden für die Highlights am Auge und schwarze Baumwolle für den Wimpernkranz.

Die Augenbrauen setze ich 2 Runden über das Auge, sie verlaufen dabei über 3 Maschen.

Sticke Arlo eine breite Nase mit schwarzer Baumwolle auf. Sie erstreckt sich dabei über die umhäkelte Luftmaschenkette und die erste Reihe. Führe den Faden dafür kontinuierlich über diese 3 Runden, bis keine Chenillewolle mehr durchblitzt. Nimm dir Zeit für diesen Vorgang. Als finales Highlight sticke ich dann von der unteren Nasenmitte noch einen senkrechten Strich 3 Reihen nach unten. Vernähe die schwarze Baumwolle anschließend im Kopf.

Ava, der Marienkäfer

Infos & Material

Materialien:

- Chenillove 002 – Natur
  (1 Knäuel, ca. 110 m)
- Chenillove 006 – Rot
  (1/2 Knäuel, ca. 55 m)
- Chenillove 014 – Schwarz
  (kleiner Rest für die Punkte)
- 4,00 mm Häkelnadel
- 12 mm Sicherheitsaugen

Größe: ca. 33 cm

Schwierigkeitsgrad: 1

Kopf

Häkle in Natur.

1. 6 fM in einen MR (6)
2. (verd) x 6 (12)
3. (1 fM, verd) x 6 (18)
4. 1 fM, verd, (2 fM, verd) x 5, 1 fM (24)
5. (3 fM, verd) x 6 (30)
6. 2 fM, verd, (4 fM, verd) x 5, 2 fM (36)
7. (5 fM, verd) x 6 (42)

8.-11. 42 fM (42) 4 Rd

Markiere dir in der nächsten Runde den Beginn und das Ende der Verdopplungen (also jeweils nach den 15 fM und vor den letzten 15 fM mit Maschenmarkierern). Das hilft dir später beim Finden der Position der Augen.

1

2

12. 15 fM, (1 fM, verd) x 6, 15 fM (48)

13.-16. 48 fM (48) 4 Rd

Setze während der nächsten Runden schon einmal die Sicherheitsaugen ein, wenn du welche verwenden möchtest. In Runde 12 hast du dir mit Maschenmarkierern 2 Positionen markiert. Zähle von diesen Positionen 4 Runden nach unten in den Zwischenraum zwischen Runde 15 und 16. Dort setzt du deine Augen ein. Es sind 14 sichtbare Maschen zwischen den Augen zu sehen.

3

17. (6 fM, abn) x 6 (42)
18. (5 fM, abn) x 6 (36)
19. (4 fM, abn) x 6 (30)
20. (3 fM, abn) x 6 (24)

Beginne, mit Watte zu füllen. Fülle kontinuierlich weiter.

21. (2 fM, abn) x 6 (18)
22. (1 fM, abn) x 6 (12)
23. (abn) x 6 (6)

Faden lang abschneiden. Ziehe mit einer Nadel den Faden durch die verbleibenden 6 vMG und ziehe anschließend an ihm, um das Loch zu schließen. Der Restfaden wird im Kopf vernäht.

Antennen (in Natur, häkle 2 davon)

Die Antennen werden als doppelte Luftmaschenkette zwischen Runde 4 und 5 gehäkelt. Zwischen den Antennen liegen 3 sichtbare Maschen. Stich mit der Häkelnadel zwischen Runde 4 und 5 ein und hole den Faden. Lass für die doppelte Luftmaschenkette aber einen langen Anfangsfaden. Häkle 6 Luftmaschen und beende wie beim Schwanz von Käthe und Mette.

Hinterbeine (2x)

Häkle in Natur.

Beginne mit einer LMK aus 6 LM und starte in der 2. Masche von der Nadel aus gezählt.

1. 4 fM, 3 fM in die letzte Masche der Kette, drehe diese nun und behäkle die Rückseite:
   3 fM, verd in die letzte Masche (12)
2. verd, 3 fM, (verd) x 3, 4 fM, verd (17)
3. 5 fM, (1 fM, verd) x 3, 6 fM (20)
4. 6 fM, (2 fM, verd) x 3, 5 fM (23)
5. 23 fM (23)
6. 5 fM, (2 fM, abn) x 3, 6 fM (20)
7. 5 fM, (abn) x 4, 7 fM (16)
8. 4 fM, (abn) x 4, 4 fM (12)

9.-11. 12 fM (12) 3 Rd

Stopfe hier schon einmal den Fuß. Die Watte sollte nur bis zur 8. Runde reichen. Lasse den Rest ungefüllt, damit die Beine schöner baumeln können.

12. (2 fM, abn) x 3 (9)

Häkle 3 zusätzliche Maschen (oder so viele wie nötig), damit du die Öffnung der Beine so aufeinanderlegen kannst, dass sie parallel zu den Fußspitzen verläuft. Häkle die Kanten dann mit 4 fM zusammen, schneide den Faden ab und vernähe ihn im Bein.

Arme (2x)

Häkle in Natur.

1. 6 fM in einen MR (6)
2. (verd) x 6 (12)
3. (1 fM, verd) x 6 (18)

4.-6. 18 fM (18) 3 Rd

Fülle nur die Pfoten mit etwas Füllwatte.

7. (1 fM, abn) x 6 (12)
8. (2 fM, abn) x 3 (9)

9.-15. 9 fM (9) 7 Rd

Häkle die Öffnung mit 4 fM zu und vernähe den Restfaden im Arm.

Flügel (2x)

Häkle in Rot.

1. 6 fM in einen MR (6)
2. (verd) x 6 (12)
3. (1 fM, verd) x 6 (18)
4. (2 fM, verd) x 6 (24)
5. (3 fM, verd) x 6 (30)
6. (4 fM, verd) x 6 (36)
7. (5 fM, verd) x 6 (42)
8. (6 fM, verd) x 4 (48)
9. (7 fM, verd) x 6 (54)
10. (8 fM, verd) x 6 (60)

11.-14. 60 fM (60) 4 Rd

1

2

3

Der Flügel wird nicht mit Watte gefüllt.

Klappe den Flügel zusammen und häkle die lange Kante mit 29 fM zusammen. Schneide den Faden mit einem längeren Rest ab und vernähe den Faden im Flügel.

Punkte für die Flügel (6x)

Häkle in Schwarz.

1. 6 fM in einen MR (6)
2. (verd) x 6 (12)

Schneide den Faden mit einem langen Rest zum Annähen ab und verschließe die Runde unsichtbar.

Nähe 3 schwarze Punkte auf einen Flügel. Achte darauf, dass es einen linken und einen rechten Flügel gibt.

Körper

Häkle in Natur.

Achte nun darauf, dass der Körper bis auf die letzte Runde aus halben Stäbchen gehäkelt wird. Dies betrifft auch die Zu- und die Abnahmen. Zusammengehäkelt wird der Körper dann mit festen Maschen.

1. 6 hStb in einen MR (6)
2. hStb verd x 6 (12)
3. (1 hStb, hStb verd) x 6 (18)
4. (1 hStb, hStb verd) x 9 (27)

In dieser Runde werden die Hinterbeine mit eingehäkelt:

5. 4 hStb, (4 hStb durch Bein 1 und den Körper), hStb verd, 4 hStb, hStb verd, (4 hStb durch Bein 2 und den Körper), hStb verd, 8 hStb (30)
6. (4 hStb, hStb verd) x 6 (36)
7. (5 hStb, hStb verd) x 6 (42)
8. (6 hStb, hStb verd) x 6 (48)

9.-10. 48 hStb (48) 2 Rd

11. (6 hStb, hStb abn) x 6 (42)
12. 42 hStb (42)
13. (5 hStb, hStb abn) x 6 (36)
14. (4 hStb, hStb abn) x 6 (30)

Jetzt werden die Arme mit eingehäkelt:

15. 3 hStb, hStb abn, 2 hStb, hStb abn, (4 hStb durch Arm 1 und den Körper), hStb abn, 3 hStb, hStb abn, (4 hStb durch Arm 2 und den Körper), hStb abn, 2 hStb, hStb abn (24)
16. (2 hStb, hStb abn) x 5, 1 hStb, (19)

Achtung, ausnahmsweise werden jetzt schon feste Maschen gehäkelt!

Häkle nun wie folgt die angegebenen Instruktionen. Es gibt ab hier keinen konkreten Rundenanfang mehr, sondern es wird durchgehäktelt bis zum Ende der Anweisungen:

Du häkelst nun durch die lange Kante am Flügel und den Körper gleichzeitig. Halte den ersten Flügel so an den Körper, dass der Maschenring des Flügels nach links zeigt. Zähle an

der oberen Kante 5 Maschen ab und beginne nun in dieser 5. Masche mit 1 fM durch Flügel 1 und Körper.

Häkle weiter:

abn durch Flügel 1 und Körper

17. 2 fM durch Flügel 1 und Körper, Halte nun Flügel Nummer 2 an den Körper, gespiegelt zum ersten Flügel, und beginne in der ersten Masche der langen Kante:

(abn, fM, abn durch Flügel 2 und Körper), (1 fM, abn.) x 4, abn (12)

Der Körper bleibt ungefüllt. Häkle jetzt 3 fM oder so viele wie nötig, damit du die Öffnung parallel zum Körper mit 5 oder 6 fM zusammenhäkeln kannst. Schneide den Faden mit einem langen Reststück ab. Mit diesem Restfaden nähst du später den Kopf an den Körper.

Fertigstellung

Vertiefe die Augen und sticke Ava Details am Auge auf:

Benutze dafür den weißen Baumwollfaden für die Highlights am Auge und die schwarze Baumwolle für den Wimpernkranz.

Die Augenbrauen setze ich 3 Runden über das Auge, sie verlaufen dabei über 3 Maschen.

Nähe den Kopf an den Körper. Verdecke mit der Körpernaht den evtl. sichtbaren kleinen Knoten der Baumwollfäden vom Vertiefen der Augen.

Henry, der Hase

Infos & Material

Materialien:
- Chenillove 011 – Beige (1 1/2 Knäuel = ca. 165 m)
- 4,00 mm Häkelnadel
- 12 mm Sicherheitsaugen

Größe: ca. 38 cm
Schwierigkeitsgrad: 1

Kopf

Häkle in Beige.

1. 6 fM in einen MR (6)
2. (verd) x 6 (12)
3. (1 fM, verd) x 6 (18)
4. 1 fM, verd, (2 fM, verd) x 5, 1 fM (24)
5. (3 fM, verd) x 6(30)
6. 30 fM (30)
7. 2 fM, verd, (4 fM, verd) x 5, 2 fM (36)

8.-11. 36 fM (36) 4 Rd

12. (5 fM, verd) x 6(42)

13.-14. 42 fM (42) 2 Rd

15. 3 fM, verd, (6 fM, verd) x 5, 3 fM (48)
16. 48 fM (48)

Setze während der nächsten Runden schon einmal die Sicherheitsaugen ein, wenn du welche verwenden möchtest. Sie befinden sich zwischen Runde 13 und 14. Es sind 11 sichtbare Maschen zwischen den Augen zu sehen.

17. (abn) x 24 (24)

Beginne, den Kopf mit Watte zu füllen. Fülle kontinuierlich weiter.

18. (2 fM, abn) x 6 (18)
19. (1 fM, abn) x 6 (12)
20. (abn) x 6 (6)

Faden lang abschneiden. Ziehe mit einer Nadel den Faden durch die verbleibenden 6 vMG und ziehe anschließend an ihm, um das Loch zu schließen. Der Restfaden wird im Kopf vernäht.

Ohren (2x)

Häkle in Beige.

1. 6 fM in einen MR (6)
2. (verd) x 6 (12)
3. 12 fM (12)
4. (1 fM, verd) x 6 (18)

5.-16. 18 fM (18) 12 Rd

Die Ohren werden nicht gefüllt.

Lege die Kanten aufeinander und häkle diese mit 9 fM zusammen. Falte die entstandene Kante nochmals und häkle diese Kante mit 4 fM zusammen. Schneide den Faden mit einem langen Rest ab. Mit diesem werden später die Ohren an den Kopf genäht.

Hinterbeine (2x)

Häkle in Beige.

Bitte schau dir auf Seite 21 im Grundlagenteil an, wie man eine Luftmaschenkette umhäkelt, bevor du mit dem Hinterbein startest.

Beginne mit einer LMK aus 7 LM und starte in der 2. Masche von der Nadel aus gezählt.

1. 5 fM, 4 fM in die letzte Masche der Kette, drehe diese nun und behäkle die Rückseite: 4 fM, verd in die letzte Masche (15)
2. (verd) x 2, 3 fM, (verd) x 4, 4 fM, (verd) x 2 (23)
3. 1 fM, verd, 5 fM, (1 fM, verd) x 4, 4 fM, (1 fM,verd) x 2 (30)
4. jeweils in das hMG: 30 fM (30)

5.-6. 30 fM (30) 2 Rd

7. 9 fM, (abn) x 6, 9 fM (24)
8. 24 fM (24)

9. 3 fM, (1 fM, abn) x 6, 3 fM (18)

10. 3 fM, (abn) x 6, 3 fM (12)

11.-13. 12 fM (12) 3 Rd

Stopfe hier schon einmal den Fuß. Die Watte sollte nur bis Runde 10 reichen, damit die Beine schöner baumeln können.

14. (2 fM, abn) x 3 (9)

Häkle 3 zusätzliche Maschen (oder so viele wie nötig), damit du die Öffnung der Beine so aufeinanderlegen kannst, dass sie parallel zu den Fußspitzen verläuft. Häkle die Öffnung mit 4 fM zu.

Vorderbein (2x)

Häkle in Beige.

1. 8 fM in einen MR (8)

2.-12. 8 fM (8) 11 Rd

Die Vorderbeine werden nicht mit Watte gefüllt.

Häkle die Öffnung mit 4 fM zu und vernähe den Restfaden im Inneren.

Schwanz (in Creme)

Häkle in Beige.

1. 6 fM in einen MR (6)
2. (verd) x 6 (12)
3. (1 fM, verd) x 6 (18)

4.-5. 18 fM (18) 2 Rd

6. (1 fM, abn) x 6 (12)

Fülle den Schwanz mit Füllwatte.

7. (abn) x 6 (6)

Häkle eine KM in die nächste Masche und beende die Arbeit. Lass beim Abschneiden einen Restfaden und vernähe ihn im Schwanz. Der Schwanz bleibt geöffnet und wird so nachher in den Körper eingehäkelt.

Körper

Häkle in Beige.

Achte nun darauf, dass der Körper bis auf die letzte Runde aus halben Stäbchen gehäkelt wird. Dies betrifft auch die Zu- und die Abnahmen. Zusammengehäkelt wird der Körper dann mit festen Maschen.

1. 6 hStb in einen MR (6)
2. hStb verd x 6 (12)
3. (1 hStb, hStb verd) x 6 (18)
4. (1 hStb, hStb verd) x 9 (27)
5. (8 hStb, hStb verd) x 3 (30)
6. In dieser Runde werden die Beine mit eingehäkelt:
   (4 hStb durch das erste Hinterbein und den Körper), hStb verd, 4 hStb, hStb verd, (4 hStb durch das zweite Hinterbein und den Körper), hStb verd, (4 hStb, hStb verd) x 3 (36)
7. In dieser Runde wird der Schwanz mit eingehäkelt:
   (5 hStb, hStb verd) x 4, hStb, (3 hStb durch beide Lagen des Schwanzes und den Körper, siehe Fotos), 1 hStb, hStb verd, 5 hStb, hStb verd (42)
8. (6 hStb, hStb verd) x 6 (48)

9.-10. 48 hStb (48) 2 Rd

11. (6 hStb, hStb abn) x 6 (42)
12. 42 hStb (42)
13. (5 hStb, hStb abn) x 6 (36)
14. (4 hStb, hStb abn) x 6 (30)
15. (3 hStb, hStb abn) x 6 (24)

Jetzt werden die Vorderbeine mit eingehäkelt:

16. 1 hStb, (1 hStb, hStb abn, 1 hStb durch das erste Vorderbein und den Körper), 1 hStb, hStb abn, 2 hStb, hStb abn, 1 hStb, (1 hStb, hStb abn, 1 hStb durch das zweite Vorderbein und den Körper), 1 hStb, hStb abn, 2 hStb, hStb abn (18)
17. (1 hStb, hStb abn) x 6 (12)

Der Körper bleibt ungefüllt. Häkle jetzt 3 fM (oder so viele, wie nötig), damit du die Kanten parallel zum Körper mit 5 fM zusammenhäkeln kannst. Schneide den Faden mit einem langen Reststück ab. Mit diesem Restfaden nähst du später den Kopf an den Körper.

Fertigstellung

Nähe die Ohren beginnend ab Runde 2 des Kopfes an, wenn du vom Maschenring aus zählst. Von der Seite aus gesehen sitzen die Ohren mittig am Kopf.

Vertiefe die Augen und sticke Henry Details am Auge auf:

Benutze dafür den weißen Baumwollfaden für die Highlights am Auge und die schwarze Baumwolle für den Wimpernkranz.

Die Augenbrauen setze ich 3 Runden über das Auge. Sie verlaufen dabei über 2 Maschen zur Seite und eine Runde nach unten, sie sind also diagonal.

Sticke Henry eine Nase mit schwarzem Baumwollgarn auf. Sie beginnt mittig zwischen den Augen zwischen Runde 14 und 15. Dies ist die Nasenmitte. Nun zähle 2 Maschen nach rechts und eine nach oben, dort ist der Punkt, wo du wieder einstichst, um die Nase zu sticken.

Führe deinen Faden 3-4 mal durch diesen markierten Punkt und die Nasenmitte.

Wiederhole diesen Schritt auch für die linke Seite, also 2 Maschen nach links von der Nasenmitte aus und eine nach oben. Führe nun den Faden einmal von der Nasenmitte aus 2 Runden gerade nach unten, um ein kleines Schnäuzchen zu sticken. Die Nase sieht aus wie ein Y. Vernähe die Fäden im Inneren.

Nähe den Kopf an den Körper. Verdecke mit der Körpernaht den evtl. sichtbaren kleinen Knoten der Baumwollfäden vom Vertiefen der Augen.

Variante: Regenbogenhase

Infos & Material

Materialien:

- Chenillove 08 – Aqua (1 1/2 Knäuel für Körper, ca. 165 m)
- 3 zusätzliche Wunschfarben für den Verlauf (jeweils ein paar Reste, ca. 15 g), hier:
  - Chenillove 03 – Flieder
  - Chenillove 07 – Flieder
  - Chenillove 09 – Mint
- 4,00 mm Häkelnadel
- 12 mm Sicherheitsaugen

Größe: ca. 28 cm

Schwierigkeitsgrad: 1

Halte dich an die Anleitung von Henry und nimm bei den folgenden Körperteilen Änderungen vor.

Ohren

Hakle ein Ohr wie das von Henry und eines mit Farbverlauf:

1. 6 fM in einen MR (6)
2. (verd) x 6 (12)
3. 12 fM (12)
4. (1 fM, verd) x 6 (18)

5.-8. 18 fM (18) 4 Rd

Wechsle am Ende der Runde 8 zu Vanille.

9. 18 fM, **Farbwechsel zu Flieder** (18)
10. 18 fM, **Farbwechsel zu Mint** (18)
11. 18 fM, **Farbwechsel zu Aqua** (18)

12.-16. 18 fM(18) 5 Rd

Lege die Kanten aufeinander und häkle diese mit 9 fM zusammen.

Orientiere dich nun an den Fotos, wie du die Kanten faltest, damit der Farbwechsel auf der Rückseite des Ohres liegt. Falte die entstandene Kante nochmals und häkle diese Kante mit 4 fM zusammen. Schneide den Faden mit einem langen Rest ab. Mit diesem werden später die Ohren an den Kopf genäht.

1

2

3

4

Körper

Häkle den Körper bis Runde 12 wie den Körper von Henry, nimm am Ende der Runde aber einen Farbwechsel zu Mint vor:

13. (5 hStb, hStb abn) x 6, Farbwechsel zu Flieder (36)
14. (4 hStb, hStb abn) x 6, Farbwechsel zu Vanille (30)
15. (3 hStb, hStb abn) x 6 Farbwechsel zu Aqua (24)

Jetzt werden die Vorderbeine mit eingehäkelt:

16. 1 hStb, (1 hStb, hStb abn, 1 hStb durch das erste Vorderbein und den Körper), 1 hStb, hStb abn, 2 hStb, hStb abn, 1 hStb, (1 hStb, hStb abn, 1 hStb durch das zweite Vorderbein und den Körper), 1 hStb, hStb abn, 2 hStb, hStb abn(18)
17. (1 hStb, hStb abn) x 6 (12)

Der Körper bleibt ungefüllt. Häkle jetzt 3 fM (oder so viele, wie nötig), damit du die Kanten parallel zum Körper mit 5 fM zusammenhäkeln kannst.

Schneide den Faden mit einem langen Reststück ab. Mit diesem Restfaden nähst du später den Kopf an den Körper.

1

2

3

Stelle den Regenbogenhasen genauso fertig wie Henry.

4

5

Björn, der Bär

Infos & Material

Materialien:

- Chenillove 01 – Beige (1 1/2 Knäuel = ca. 165 m)
- Chenillove 01 – Creme (kleiner Rest)
- 4,00 mm Häkelnadel
- 12 mm Sicherheitsaugen

Größe: ca. 28 cm

Schwierigkeitsgrad: 1

Schnauze

Häkle in Creme.

1. 6 fM in einen MR (6)

2. (verd) x 6 (12)

3. (1 fM, verd) x 6 (18)

Beende die Arbeit und schneide den Faden mit einem langen Reststück ab, um die Schnauze später an den Kopf anzunähen. Schließe die Runde unsichtbar.

Kopf

Häkle in Beige.

1. 6 fM in einen MR (6)

2. (verd) x 6 (12)

3. (1 fM, verd) x 6 (18)

4. 1 fM, verd, (2 fM, verd) x 5, 1 fM (24)

5. (3 fM, verd) x 6 (30)

6. 2 fM, verd, (4 fM, verd) x 5, 2 fM (36)

7. (5 fM, verd) x 6 (42)

8. 3 fM, verd, (6 fM, verd) x 5, 3 fM (48)

9.-14. 48 fM (48) 6 Rd

15. (abn) x 24 (24)

16. (2 fM, abn) x 6 (18)

Setze die Augen zwischen Rd 11 und 12 ein. Der Abstand zwischen den Augen beträgt ca. 9 sichtbare Maschen. Prüfe, ob der Abstand zwischen den Augen ausreicht, indem du die Schnauze auf den Kopf auflegst. Sie reicht später von Rd 11 nach unten. Die Augen sollten nun nicht direkt an die Schnauze anstoßen, sondern 1-2 Maschen Abstand zu ihr haben.

Fülle den Kopf anschließend mit Füllwatte und fülle bis zum Ende kontinuierlich weiter.

17. (1 fM, abn) x 6 (12)

18. (abn) x 6 (6)

Den Faden lang abschneiden. Ziehe mit einer Nadel den Faden durch die verbleibenden 6 vMG und ziehe anschließend an ihm, um das Loch zu schließen. Der Restfaden wird im Kopf vernäht.

1

2

Ohren (2x)

Häkle in Beige.

1. 6 fM in einen MR (6)

2. (verd) x 6 (12)

Beende die Arbeit und lasse einen langen Restfaden übrig, um später die Ohren an den Kopf zu nähen.

Hinterbeine (2x)

Häkle in Beige.

Beginne mit einer LMK aus 6 LM und starte in der 2. Masche von der Nadel aus gezählt.

1. 4 fM, 3 fM in die letzte Masche der Kette, drehe diese nun und behäkle die Rückseite:
   3 fM, verd in die letzte Masche (12)
2. verd, 3 fM, (verd) x 3, 4 fM, verd (17)
3. 5 fM, (1 fM, verd) x 3, 6 fM (20)
4. 6 fM, (2 fM, verd) x 3, 5 fM (23)
5. 23 fM (23)
6. 5 fM, (2 fM, abn) x 3, 6 fM (20)
7. 5 fM, (abn) x 4, 7 fM (16)
8. 4 fM, (abn) x 4, 4 fM (12)

9.-10. 12 fM (12) 2 Rd

Stopfe hier schon einmal den Fuß aus. Fülle die Watte nur bis ca. Rd. 8 und lasse den Rest ungefüllt, damit die Beine schöner baumeln können.

11. (2 fM, abn) x 3 (9)

Häkle 3 zusätzliche Maschen (oder so viele wie nötig), damit du die Öffnung der Beine so zusammenhäkeln kannst, dass die Kanten parallel zu den Fußspitzen verlaufen. Häkle die Kanten dann mit 4 fM zusammen, schneide den Faden ab und vernähe ihn im Bein.

Vorderbein (2x)

Häkle in Beige.

1. 6 fM in einen MR (6)
2. (verd) x 6 (12)
3. (1 fM, verd) x 6 (18)

4.-6. 18 fM (18) 3 Rd

Fülle nur die Pfoten mit etwas Füllwatte.

7. (1 fM, abn) x 6 (12)
8. 12 fM (12)
9. (2 fM, abn) x 3 (9)

10.-14. 9 fM(9) 5 Rd

Häkle die Öffnung mit 4 fM zu und vernähe den Restfaden im Vorderbein.

Schwanz

Häkle in Creme.

1. 6 fM in einen MR (6)
2. (verd) x 6 (12)

3.-5. 12 fM (12) 3 Rd

Fülle den Schwanz etwas mit Füllwatte.

6. (abn) x 6 (6)

Wenn du es dir zutraust, während des Häkelns des Körpers durch 3 Schichten zu häkeln, kannst du den Schwanz so belassen, beendest die Arbeit und vernähst den Restfaden. Du häkelst dann beim Körper durch 2 Schichten Schwanz, weil du den

Schwanz zusammendrückst und an den Körper hältst. Du häkelst dann also durch die 2 Lagen Schwarz und zusätzlich durch den Körper. Diese Variante ist am Ende etwas hübscher.

Wenn du dir das nicht zutraust, dann häkle jetzt die Öffnung mit 3 fM zu und beende die Arbeit. Dann kannst du damit so verfahren wie mit jedem anderen Körperteil und häkelst durch eine Schicht Schwanz und eine Schicht Körper.

Körper

Häkle in Beige.

Achte darauf, dass der Körper bis auf die letzte Runde aus halben Stäbchen gehäkelt wird. Dies betrifft auch die Zu- und die Abnahmen. Zusammengehäkelt wird der Körper dann mit festen Maschen.

1. 6 hStb in einen MR (6)
2. (hStb verd) x 6 (12)
3. (1 hStb, hStb verd) x 6 (18)
4. (1 hStb, hStb verd) x 9 (27)

In dieser Runde werden die Hinterbeine mit eingehäkelt:

5. 4 hStb, (4 hStb durch Bein 1 und den Körper, die Zehen schauen nach oben, also zu dir), hStb verd, 4 hStb, (4 hStb durch Bein 2 und den Körper, die Zehen schauen nach oben, also zu dir), hStb verd, 5 hStb, (3 hStb durch den Schwanz und den Körper), hStb verd (30)
6. (4 hStb, hStb verd) x 6 (36)
7. (5 hStb, hStb verd) x 6 (42)
8. (6 hStb, hStb verd) x 6 (48)
9.-10. 48 hStb (48) 2 Rd
11. 6 hStb, hStb abn) x 6 (42)
12. 42 hStb (42)
13. (5 hStb, hStb abn) x 6 (36)
14. (4 hStb, hStb abn) x 6 (30)

Jetzt werden die Arme mit eingehäkelt:

15. 3 hStb, hStb abn, 2 hStb, hStb abn, (4 hStb durch Arm 1 und den Körper), hStb abn, 3 hStb, hStb abn, (4 hStb durch Arm 2 und den Körper), hStb abn, 2 hStb, hStb abn (24)
16. (2 hStb, hStb abn) x 6 (18)
17. (1 hStb, hStb abn) x 6 (12)

Häkle, wenn nötig, 5 weitere zusätzliche fM und häkle die Öffnung dann mit 5 fM zusammen. Schneide den Faden mit einem langen Restfaden ab, damit du den Kopf später an den Körper nähen kannst.

Fertigstellung

Vertiefe die Augen und sticke Björn Details am Auge auf:

Benutze dafür den weißen Baumwollfaden für die Highlights am Auge und die schwarze Baumwolle für den Wimpernkranz.

Die Augenbrauen setze ich 3 Runden über das Auge, sie verlaufen dabei über 3 Maschen waagerecht und 1 Reihe nach unten.

Nähe die Schnauze an den Kopf an. Sie stößt mit der oberen Kante an Runde 11 des Kopfes an und erstreckt sich nach unten bis Runde 15. Der Zwischenraum wird nicht mit Watte gefüllt. Verwende beim Annähen nur die hinteren Maschenglieder der Schnauze, damit du eine saubere Nähkante bekommst.

Sticke Björn mit schwarzer Baumwolle eine Nase. Sie verläuft waagerecht über ca. 3-4 Maschen der Runde 3 der Schnauze. Orientiere dich für die Position am besten an den Bildern.

1

Am Ende kannst du den Faden dann von der Mitte der Nase in einer vertikalen Linie 5 Runden nach unten führen und erhältst so einen angedeuteten Mund.

Nähe die Ohren an den Kopf an. Sie befinden sich, wenn du von oben auf den Kopf schaust, auf einer Linie mit dem Maschenring und sind je 5 Runden von ihm entfernt. Natürlich kannst du auch die Position variieren, um deinem Björn einen individuellen Ausdruck zu verleihen. Stülpe die Ohren etwas nach innen, damit sie dreidimensionaler wirken.

2

Nähe den Kopf an den Körper. Verdecke mit der Körpernaht den evtl. sichtbaren kleinen Knoten der Baumwollfäden vom Vertiefen der Augen.

Puddles, die Ente

Infos & Material

Materialien:

- Chenillove 01 – Creme (1 1/2 Knäuel = ca. 165 m)
- Chenillove 03 – Vanille (1/4 Knäuel, ca. 27,5 m)
- 4,00 mm Häkelnadel
- 12 mm Sicherheitsaugen

Größe: ca. 29 cm

Schwierigkeitsgrad: 1

Kopf

Häkle in Creme.

1. 6 fM in einen MR (6)
2. (verd) x 6 (12)
3. (1 fM, verd) x 6 (18)
4. 1 fM, verd, (2 fM, verd) x 5, 1 fM (24)
5. (3 fM, verd) x 6 (30)
6. 2 fM, verd, (4 fM, verd) x 5, 2 fM (36)
7. (5 fM, verd) x 6 (42)

8.-13. 42 fM (42) 6 Rd

14. (6 fM, verd) x 6 (48)

15.-17. 48 fM (48) 3 Rd

18. (abn) x 24 (24)

Setze hier schon einmal die Sicherheitsaugen ein, wenn du welche verwenden möchtest. Sie befinden sich zwischen Runde 11 und 12. Es sind ca. 9-10 sichtbare Maschen zwischen den Augen zu sehen. Beginne mit Watte zu füllen. Fülle kontinuierlich weiter.

19. 1 fM, abn, (2 fM, abn) x 5, 1 fM (18)
20. (1 fM, abn) x 6 (12)
21. (abn) x 6 (6)

Faden lang abschneiden. Nähe mit einer Nadel den Faden durch die verbleibenden 6 vMg und ziehe anschließend an ihm, um das Loch zu schließen. Der Restfaden wird im Kopf vernäht.

Schnabel

Häkle in Vanille.

1. 6 fM in einen MR (6)
2. (verd) x 6 (12)
3. (1 fM, verd) x 6 (18)

4.-7 18 fM (18) 4 Rd

8. 2 fM, hStb, hStb verd, *3 Stb*, hStb verd, hStb, 2 fM – beende hier schon frühzeitig deine Runde, sie wird nicht zu Ende gehäkelt.

Der Schnabel wird nicht mit Watte gefüllt.

Lasse nach dem Beenden einen langen Faden, um den Schnabel am Kopf anzunähen.

Füße (2x)

Häkle in Vanille.

Beginne mit einer Luftmaschenkette aus 9 LM.

1. Häkle nun ab der 2. Masche von der Nadel 7 fM und 3 fM in die letzte LM. Drehe die Luftmaschenkette nun um und arbeite jetzt in die hinteren MG der Kette, damit du ein Oval erhältst: 6 fM, verd. in die letzte Masche (18)

2.-4. 18 fM (18) 3 Rd
5. (abn, 7 fM) x 2 (16)
6. 16 fM (16)
7. (abn, 6 fM) x 2 (14)
8. 14 fM (14)
9. (abn, 5 fM) x 2 (12)
10. 12 fM(12)
11. (abn) x 6 (6)

Die Füße werden nicht gefüllt.

Faden abschneiden und dabei einen längeren Restfaden stehen lassen. Führe mit einer Nadel den Faden durch die verbleibenden 6 vMG und ziehe anschließend an ihm, um das Loch zu schließen. Der Restfaden wird im Fuß vernäht.

Beine (2x)

Häkle in Vanille.

Nimm den Fuß und halte ihn so vor dich, dass die breite Seite zu dir und die Spitze von dir weg zeigt. Stell dir nun ein Quadrat vor, welches du nun auf den Fuß aufhäkelst. Stich dafür zwischen der 6. und der 7. Runde des Fußes mit deiner Häkelnadel ein und hole den Faden (siehe Bilder).

Häkle nun 2 fM nach links, drehe den Fuß um 90° nach links, häkle wieder 2 fM. Drehe den Fuß erneut um 90° nach links und häkle wiederum 2 fM. Ein letztes Mal um 90° drehen und weitere 2 fM häkeln. Du hast nun ein Quadrat aus 8 fM gehäkelt.

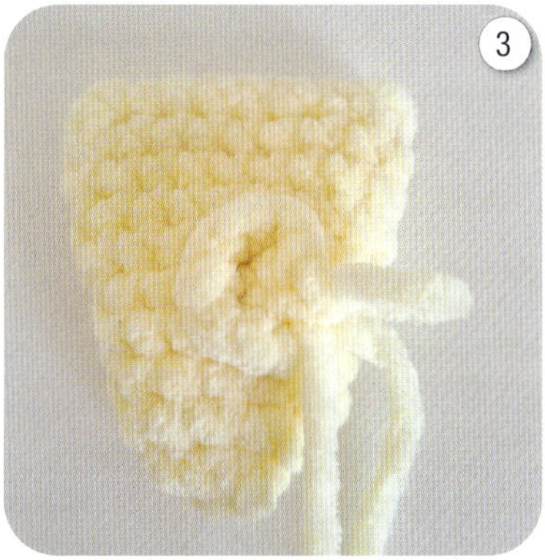

Häkle weitere 4 Runden aus 8 fM, fülle sie mit Füllwatte und schließe die Beine, indem du die Seiten zusammenlegst und mit 4 fM zusammenhäkelst. Die zusammengehäkelte Kante sollte parallel zu der Kante vorn an den Fußspitzen sein.

Flügel (2x)

Häkle in Creme.

1. 6 fM in einen MR (6)
2. (1 fM, verd) x 3 (9)
3. 9 fM (9)
4. (verd) x 9 (18)
5. (2 fM, verd) x 6 (24)
6. 24 fM (24)
7. (3 fM, verd) x 6 (30)

8.-11. 30 fM (30) 4 Rd

12. (3 fM, abn) x 6 (24)

13.-14. 24 fM (24) 2 Rd

15. (2 fM, abn) x 6 (18)

16.-17. 18 fM (18) 2 Rd

18. (1 fM, abn) x 6 (12)
19. (1 fM, abn) x 4 (8)

Die Flügel werden nicht mit Watte gefüllt.

Lege die Kanten aufeinander und häkle den Flügel mit 4 fM zusammen.

Schneide den Faden ab und vernähe den Rest im Inneren.

Körper

Häkle in Creme.

Achte darauf, dass der Körper bis auf die letzte Runde mit halben Stäbchen gehäkelt wird. Dies betrifft auch die Zu- und die Abnahmen. Zusammengehäkelt wird der Körper dann wieder mit festen Maschen.

1. 6 hStb in einen MR (6)
2. hStb verd x 6 (12)
3. (1 hStb, hStb verd) x 6 (18)
4. (1 hStb, hStb verd) x 9 (27)
5. In dieser Runde werden die Beine mit eingehäkelt:

   5 hStb, hStb verd, (4 hStb durch Bein 1 und den Körper, der Fuß zeigt dabei nach oben), 6 hStb, (4 hStb durch Bein 2 und den Körper, der Fuß zeigt dabei nach oben), hStb verd, 5 hStb, hStb verd (30)
6. (4 hStb, hStb verd) x 6 (36)
7. (5 hStb, hStb verd) x 6 (42)
8. (6 hStb, hStb verd) x 6 (48)

9.- 10. 48 hStb (48) 2 Rd

11. (6 hStb, hStb abn) x 6 (42)
12. 42 hStb (42)
13. (5 hStb, hStb abn) x 6 (36)
14. (4 hStb, hStb abn) x 6 (30)

Jetzt werden die Flügel mit eingehäkelt. Falls die Flügel dir asymmetrisch erscheinen, passe deine Maschen an. Die Flügel sollten links und rechts am Körper anliegen.

15. (3 hStb, hStb abn) x 2, (2 hStb, hStb abn durch Flügel Nr. 1

und Körper), 4 hStb, hStb abn, 3 hStb, (hStb abn, 2 hStb, durch Flügel Nr. 2 und Körper), hStb, hStb abn (24)

16. (2 hStb, hStb abn) x 6 (18)
17. (1 hStb, hStb abn) x 6 (12)

Der Körper bleibt ungefüllt. Häkle, falls nötig, 1 zusätzliche fM. Lege jetzt die beiden Kanten des Körpers aufeinander und häkle ihn mit 5 fM zusammen.

Fertigstellung

Vertiefe die Augen (siehe auch Tutorial). Dies ist für Puddles Optik besonders wichtig.

Sticke Puddles Details am Auge auf:

Nimm schwarzen Baumwollfaden und sticke Wimpern auf. Danach benutzt du Weiß für die Augendetails. Die Augenbrauen setze ich 3 Runden über das Auge, sie gehen über 2 Maschen zur Seite und eine Runde nach unten.

Nähe den Körper mittig unten am Kopf fest.

Nähe Puddles Schnabel fest: Falte den fertigen Schnabel, wie auf dem Foto zu sehen ist.

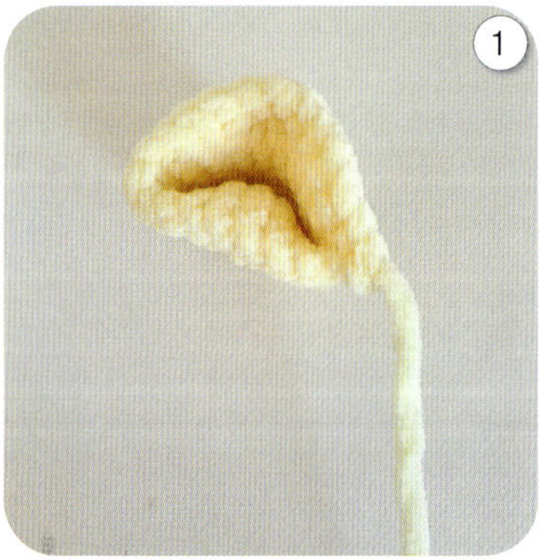

Ich lege ihn dafür mit den Kanten zusammen und forme ihn leicht dreieckig. Die obere Spitze des Dreiecks und die Oberseite des Schnabels bildet dabei das mittlere Stäbchen aus der letzten Schnabelrunde. Dieses mittlere Stäbchen wird dann mittig zwischen den Augen zwischen der Runde 11 und 12 angenäht, die Unterkante des Schnabels endet zwischen Reihe 15 und 16.

Haare anhäkeln

Häkle Puddles 3 Haare auf (oder mehr, wenn du möchtest).

Häkle in Creme.

Nimm dir das cremefarbene Garn und halte den Kopf so vor dich, dass du von oben auf den Kopf schaust, der Schnabel zeigt von dir weg.

Stich mit deiner Häkelnadel in den Kopf ein und komme in der nächsten darüberliegenden Masche wieder heraus. Greife den cremefarbenen Faden, hole ihn durch die Masche und masche den Faden ab.

Häkle nun 6 Luftmaschen und stich wieder in den Kopf ein, nur eine Masche links neben deiner ersten Einstichstelle. Befestige die Luftmaschenkette dort mit einer Kettmasche.

Wiederhole diesen Vorgang, bis du mit Puddles Frisur zufrieden bist.

Ich habe auf diese Weise 3 Haare angehäkelt.

Anschließend schneidest du den Faden einfach ab, ziehst den Faden durch die letzte Masche und vernähst Anfangs- und Endfaden im Kopf.

Mochi, das Axolotl

Infos & Material

Materialien:
- Chenillove 05 - Rosa (2 Knäuel = ca. 220 m)
- Chenillove 007 - Flieder (1 Knäuel = ca. 110 m)
- 4,00 mm Häkelnadel
- 12 mm Sicherheitsaugen

Größe: ca. 28 cm
Schwierigkeitsgrad: 2
Variation: Blau/Gelb

Kopf

Häkle in Rosa.

1. 6 fM in einen MR (6)
2. (verd) x 6 (12)
3. (1 fM, verd) x 6 (18)
4. 1 fM, verd, (2 fM, verd) x 5, 1 fM (24)
5. (3 fM, verd) x 6 (30)
6. 2 fM, verd, (4 fM, verd) x 5, 2 fM (36)
7. (5 fM, verd) x 6 (42)
8. 3 fM, verd, (6 fM, verd) x 5, 3 fM (48)

9.-16. 48 fM (48) 8 Rd

17. 3 fM, abn, (6 fM, abn) x 5, 3 fM (42)
18. (5 fM, abn) x 6 (36)
19. 2 fM, abn, (4 fM, abn) x 5, 2 fM (30)

Die Sicherheitsaugen einsetzen:

Die Augen setzt du zwischen Rd. 15 & 16 ein, von Stift zu Stift liegt ein Abstand von 12 Maschen.

20. (3 fM, abn) x 6 (24)

Beginne, mit Watte zu füllen. Fülle kontinuierlich weiter.

21. 1 fM, abn, (2 fM, abn) x 5, 1 fM (18)
22. (1 fM, abn) x 6 (12)
23. (abn) x 6 (6)

Faden lang abschneiden. Ziehe mit einer Nadel den Faden durch die verbleibenden 6 vMG und ziehe anschließend an ihm, um das Loch zu schließen. Der Restfaden wird im Kopf vernäht.

Kiemenäste (6x)

Häkle in Rosa.

1. 6 fM in einen MR (6)
2. 6 fM (6)
3. (1 fM, verd) x 3 (9)
4. (2 fM, verd) x 3 (12)

5.- 7. 12 fM (12) 3 Rd

8. (2 fM, abn) x 3 (9)

Die einzelnen Kiemenäste werden nicht mit Watte gefüllt.

Lege beide Seiten aufeinander und häkle die Seiten mit 4 fM zusammen. Beende die Arbeit und lasse einen längeren Faden zum Annähen.

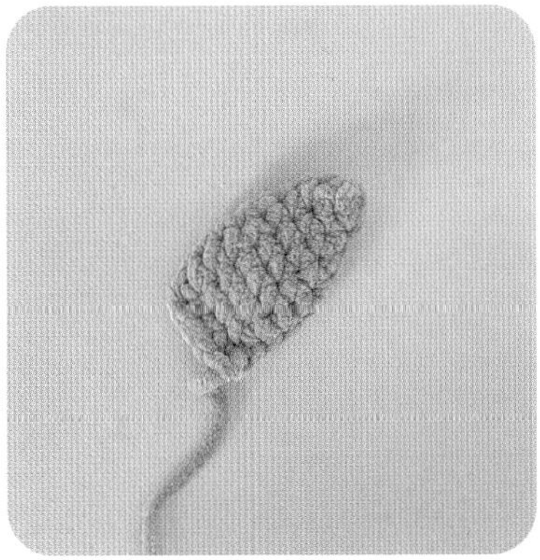

Umrandung der Kiemenäste

Häkle in Flieder.

Nun arbeiten wir die Umrandung. Nimm dazu einen Kiemenast in die Hand, die Spitze schaut dabei nach links. Du arbeitest nun auf der oberen Kante entlang.

Arbeite bei den folgenden Maschen durch den Kiemenast, also stich durch das Häkelstück durch, hole den Faden und fertige deine Masche. Orientiere dich an den Fotos. Jede Masche wird in eine Reihe des Kiemenastes gehäkelt.

Nimm Flieder mit einer stehenden Masche auf:

Stich in die vorletzte Runde von der zusammengehäkelten Kante entfernt mit deiner Häkelnadel ein (siehe Fotos 1-3), hole den fliederfarbenen Faden und masche ab. Dies ist deine stehende Masche, die später nicht mehr gezählt wird.

- Häkle in dieselbe Masche eine weitere fM.
- Häkle einen Picotstich aus 2 LM (häkle 2 Luftmaschen und stich mit der Häkelnadel in die erste gehäkelte LM ein. Mache eine KM. Jetzt bildet sich dadurch eine kleine Spitze, der Picot, siehe Fotos 4-7).

Häkle wie folgt weiter:

- 2 fM, Picot
- 2 fM, Picot
- 3 fM, Picot
- 1 fM, Picot
- 3 fM, Picot
- 2 fM, Picot
- 2 fM, Picot
- 1 fM, Picot

Arbeit beenden und Faden abschneiden. Der Restfaden wird im Inneren vernäht.

Hinterbeine (2x)

Häkle in Rosa.

1. 6 fM in einen MR (6)
2. (verd) x 6 (12)
3. (1 fM, verd) x 6 (18)
4. (5 fM, verd) x 3 (21)

5.-6. 21 fM (21) 2 Rd

7. 1 fM, (1 fM, abn) x 6, 2 fM (15)
8. 3 fM, (1 fM, abn) x 3, 3 fM (12)

9.-10. 12 fM (12) 2 Rd

Nur den Fuß mit Watte füllen

11. (2fM, abn) x 3 (9)

Lege die Kanten aufeinander und häkle das Bein mit 4 fM zusammen.

Schneide den Faden ab und vernähe den Rest im Inneren.

Vorderbein

Hinterbein

Vorderbeine (2x)

Häkle in Rosa.

1. 6 fM in einen MR (6)
2. (verd) x 6 (12)
3. (3 fM, verd) x 3 (15)

4.-5. 15 fM (15) 2 Rd

6. (3 fM, abn) x 3 (12)
7. (2 fM, abn) x 3 (9)

Nur das Vorderpfötchen mit Watte füllen.8.-10. 9 fM (9) 3 Rd

Lege die Kanten aufeinander und häkle das Bein mit 4 fM zusammen.

Schneide den Faden ab und vernähe den Rest im Inneren.

Schwanz

Häkle in Rosa.

1. 6 fM in einen MR (6)
2. 6 fM (6)
3. (1 fM, verd) x 3 (9)
4. 9 fM (9)
5. (2 fM, verd) x 3 (12)

6.-7. 12 fM (12) 2 Rd

8. (3 fM, verd) x 3 (15)

9.-11. 15 fM (15) 3 Rd

Der Schwanz wird nicht mit Watte gefüllt. Lege die beiden Kanten nun aufeinander und häkle den Schwanz mit 6 fM zusammen. Schneide den Faden ab und vernähe ihn im Inneren.

Umrandung Schwanz

Häkle in Flieder.

Nimm den fliederfarbenen Faden auf die Hand und häkle wie vorher schon bei den Kiemenästen eine stehende Masche in die vorletzte Runde durch den Schwanz. Die Schwanzspitze zeigt dabei nach links.

Häkle in die gleiche Masche noch eine feste Masche. Häkle Folgendes weiter am Schwanz entlang:

> 2 fM, 3 hStb, 4 Stb, 3 Stb in den Maschenring, 4 Stb, 3 hStb, 3 fM

Faden abschneiden und mit dem Anfangsfaden im Inneren vernähen.

Körper

Häkle in Rosa.

Achte nun darauf, dass der Körper bis auf die letzte Runde mit halben Stäbchen gehäkelt wird. Dies betrifft auch die Zu- und die Abnahmen. Zusammengehäkelt wird der Körper dann mit festen Maschen.

1. 6 hStb in einen MR (6)
2. hStb verd x 6 (12)
3. (1 hStb, hStb verd) x 6 (18)
4. (1 hStb, hStb verd) x 9 (27)
5. In dieser Runde werden die Hinterbeine und der Schwanz mit eingehäkelt:

   (6 hStb durch den Schwanz und Körper), hStb verd, hStb, (4 hStb durch Bein 1 und Körper, die Fußspitze zeigt dabei nach links), 4 hStb, hStb verd, 4 hStb, (4 hStb durch Bein 2 und Körper, die Fußspitze zeigt dabei nach rechts), hStb verd, 1 hStb. (30)
6. (4 hStb, hStb verd) x 6 (36)
7. (5 hStb, hStb verd) x 6 (42)
8. (6 hStb, hStb verd) x 6 (48)

9.-10. 48 hStb (48) 2 Rd

11. (6 hStb, hStb abn) x 6 (42)
12. 42 hStb (42)
13. (5 hStb, hStb abn) x 6 (36)
14. (4 hStb, hStb abn) x 6 (30)

Jetzt werden die Vorderbeine mit eingehäkelt:

15. (3 hStb, hStb abn) x 2, 2 hStb, hStb abn, (4 hStb durch Vorderbein 1 und Körper) hStb abn, 2 hStb, hStb abn, hStb, (4 hStb durch Vorderbein 2 und Körper) (24)

16. (2 hStb, hStb abn) x 6 (18)
17. (1 hStb, hStb abn) x 6 (12)

Häkle jetzt 1 fM oder so viele wie nötig, damit du die Kante parallel zum Körper mit 5 fM zusammenhäkeln kannst. Der Körper bleibt ungefüllt. Schneide den Faden mit einem langen Reststück ab. Mit diesem Restfaden nähst du später den Kopf an den Körper.

Fertigstellung:

Vertiefe die Sicherheitsaugen und sticke Mochis Augendetails mit weißer und schwarzer Baumwolle auf.

Nähe den Körper unten an den Kopf an und verdecke damit die Restfäden vom Vertiefen der Augen. Positioniere es schön mittig.

Sticke die Augenbrauen mit schwarzem Baumwollfaden auf. Sie beginnen 4 Runden über dem Auge und verlaufen 1 Reihe nach unten und 3 Maschen zur Seite.

Nähe die Kiemenäste an. Nimm dir dafür Zeit und stecke sie dir mit Sicherheitsnadeln oder dünnen Stricknadeln erst in ihrer Position fest.

Ich nähe zuerst die vorderen Kiemenäste an:

Nummer 1 beginnt nach Runde 6 (von oben aus gezählt) und wird über 4 Runden gerade nach unten angenäht. Von der Seite aus betrachtet bilden die vorderen Kiemenäste eine Gerade mit dem Schnuffeltuch. Nummer 2 wird dann ab der Runde 11 am Kopf angenäht und geht auch über 4 Runden gerade nach unten.

Nummer 3 wird hinter den ersten Kiemenästen angenäht. Lasse eine Masche breit Abstand zu den vorderen und beginne ab Runde 9 mit dem Festnähen.

Alvi, die Biene

Infos & Material

Materialien:

- Chenillove 03 – Vanille (1 Knäuel, ca. 110 m)
- Chenillove 12 – Braun (1 Knäuel, ca. 55 m)
- 4,00 mm Häkelnadel
- 12 mm Sicherheitsaugen

Größe: ca. 33 cm

Schwierigkeitsgrad: 2

Kopf

Häkle in Vanille.

1. 6 fM in einen MR (6)
2. (verd) x 6 (12)
3. (1 fM, verd) x 6 (18)
4. 1 fM, verd, (2 fM, verd) x 5, 1 fM (24)
5. (3 fM, verd) x 6 (30)
6. 2 fM, verd, (4 fM, verd) x 5, 2 fM (36)
7. (5 fM, verd) x 6 (42)

8.-11. 42 fM (42) 4 Rd

Markiere dir in der nächsten Runde den Beginn und das Ende der Verdopplungen (also jeweils nach den 15 fM und vor den letzten 15 fM mit Maschenmarkierern). Das hilft dir später beim Finden der Position der Augen.

1

12. 15 fM, (1 fM, verd) x 6, 15 fM (48)

13.-16. 48 fM (48) 4 Rd

Setze während der nächsten Runden schon einmal die Sicherheitsaugen ein, wenn du welche verwenden möchtest. In Runde 12 hast du dir mit Maschenmarkierern 2 Positionen markiert. Zähle von diesen Positionen 4 Runden nach unten in den Zwischenraum zwischen Runde 15 und 16. Dort setzt du deine Augen ein. Es sind 14 sichtbare Maschen zwischen den Augen zu sehen.

2

3

17. (6 fM, abn) x 6 (42)
18. (5 fM, abn) x 6 (36)
19. (4 fM, abn) x 6 (30)
20. (3 fM, abn) x 6 (24)

Beginne, mit Watte zu füllen. Fülle kontinuierlich weiter.

21. (2 fM, abn) x 6 (18)
22. (1 fM, abn) x 6 (12)
23. (abn) x 6 (6)

Faden lang abschneiden. Ziehe mit einer Nadel den Faden durch die verbleibenden 6 vMG und ziehe anschließend an ihm, um das Loch zu schließen. Der Restfaden wird im Kopf vernäht.

Antennen (2x)

Häkle in Braun.

Alvis Antennen werden genauso gehäkelt wie die von Ava. Sieh dir dort gerne die Bilder an. Auch im Tutorial findest du nützliche Hinweise.

Die Antennen werden als doppelte LMK zwischen Runde 4 und 5 gehäkelt. Zwischen den Antennen liegen 3 sichtbare Maschen.

Stich mit der Häkelnadel zwischen Runde 4 und 5 ein und hole den Faden. Lass für die doppelte Luftmaschenkette aber einen langen Anfangsfaden.

Häkle 6 Luftmaschen und beende dann die Arbeit wie beim Schwanz von Käthe und Mette.

Hinterbeine (2x)

Häkle in Braun.

Beginne mit einer LMK aus 6 LM und starte in der 2. Masche von der Nadel aus gezählt.

1. 4 fM, 3 fM in die letzte Masche der Kette, drehe diese nun und behäkle die Rückseite:
   3 fM, verd in die letzte Masche (12)
2. verd, 3 fM, (verd) x 3, 4 fM, verd (17)
3. 5 fM, (1 fM, verd) x 3, 6 fM (20)
4. 6 fM, (2 fM, verd) x 3, 5 fM (23)
5. 23 fM (23)
6. 5 fM, (2 fM, abn) x 3, 6 fM (20)
7. 5 fM, (abn) x 4, 7 fM (16)
8. 4 fM, (abn) x 4, 4 fM (12)

9.-11. 12 fM (12) 3 Rd

Stopfe hier schon einmal den Fuß. Fülle die Watte nur bis zur Runde 8. Lasse den Rest ungefüllt, damit die Beine schöner baumeln können.

12. (2 fM, abn) x 3 (9)

Häkle 3 zusätzliche Maschen (oder so viele wie nötig), damit du die Öffnung der Beine so aufeinanderlegen kannst, dass sie parallel zu den Fußspitzen verläuft.

Häkle die Kanten dann mit 4 fM zusammen, schneide den Faden ab und vernähe ihn im Bein.

Arme (2x)

Häkle in Braun.

1. 6 fM in einen MR (6)
2. (verd) x 6 (12)
3. (1 fM, verd) x 6 (18)

4.-6. 18 fM (18) 3 Rd

Fülle nur die Pfoten mit etwas Füllwatte.

7. (1 fM, abn) x 6 (12)
8. (2 fM, abn) x 3 (9)

9.-15. 9 fM (9) 7 Rd

Häkle die Öffnung mit 4 fM zu und vernähe den Restfaden im Vorderbein.

Flügel (in Creme)

Häkle in Creme.

1. 6 fM in einen MR (6)
2. (verd) x 6 (12)
3. (1 fM, verd) x 6 (18)

4.-6. 18 fM (18) 3 Rd

7. (1 fM, abn) x 6 (12)
8. (1 fM, abn) x 4 (8)
9. (abn) x 4 (4)
10. (verd) x 4 (8)
11. (1 fM, verd) x 4 (12)
12. (1 fM, verd) x 6 (18)

13.-15. 18 fM (18) 3 Rd

16. (1 fM, abn) x 6 (12)
17. (abn) x 6 (6)

Die Flügel werden nicht mit Watte gefüllt.

Faden lang abschneiden, um die Flügel damit später am Körper festzunähen. Ziehe mit einer Nadel den Faden durch die verbleibenden 6 vMg und ziehe anschließend an ihm, um das Loch zu schließen.

Stich mit deiner Nadel durch das Innere der Flügel und komme mit der Nadel zwischen Runde 9 und 10 heraus. Jetzt hast du den Faden mittig vom Flügelpaar und kannst es später am Körper annähen.

Körper

Achte darauf, dass der Körper bis auf die letzte Runde aus halben Stäbchen gehäkelt wird. Dies betrifft auch die Zu- und die Abnahmen. Zusammengehäkelt wird der Körper dann mit festen Maschen.

Beginne in Braun.

1. 6 hStb in einen MR (6)
2. hStb verd x 6 (12)
3. (1 hStb, hStb verd) x 6 (18)

Farbwechsel zu Vanille.

4. (1 hStb, hStb verd) x 9 (27)

In dieser Runde werden die Hinterbeine mit eingehäkelt:

5. 4 hStb, (4 hStb durch Bein 1 und den Körper), hStb verd, 4 hStb, hStb verd, (4 hStb durch Bein 2 und den Körper), hStb verd, 8 hStb (30)
6. (4 hStb, hStb verd) x 6 (36)

Farbwechsel zu Braun.

7. (5 hStb, hStb verd) x 6 (42)
8. (6 hStb, hStb verd) x 6 (48)
9. 48 hStb (48)

Farbwechsel zu Vanille.

10. 48 hStb (48)
11. (6 hStb, hStb abn) x 6 (42)
12. 42 hStb (42)

Farbwechsel zu Braun. Den vanillefarbenen Faden kannst du abschneiden und vernähen.

13. (5 hStb, hStb abn) x 6 (36)
14. (4 hStb, hStb abn) x 6 (30)

Jetzt werden die Arme mit eingehäkelt:

15. 3 hStb, hStb abn, 2 hStb, hStb abn, (4 hStb durch Arm 1 und den Körper), hStb abn, 3 hStb, hStb abn, (4 hStb durch Arm 2 und den Körper), hStb abn, 2 hStb, hStb abn (24)
16. (2 hStb, hStb abn) x 6 (18)

Achtung, ausnahmsweise werden jetzt schon feste Maschen gehäkelt!

17. (1 fM, abn) x 6 (12)

Häkle die nächste Runde ausschließlich ins vMg. Jetzt wird der Kragen gehäkelt.

18. (KM, 6 LM, KM in dieselbe Masche am Körper) x 12

Der Körper bleibt ungefüllt. Häkle jetzt 4 fM oder so viele wie nötig, in die verbleibenden hinteren MG, damit du die Öffnung parallel zum Körper mit 5 fM zusammenhäkeln kannst. Häkle den Körper nur in den hMG zusammen.

Schneide den Faden mit einem langen Reststück ab. Mit diesem Restfaden nähst du später den Kopf an den Körper.

Fertigstellung

Vertiefe die Augen und sticke Alvi Details am Auge auf:

Benutze dafür den weißen Baumwollfaden für die Highlights am Auge und die schwarze Baumwolle für den Wimpernkranz.

Die Augenbrauen setze ich 3 Runden über das Auge, sie verlaufen dabei über 3 Maschen.Nähe den Kopf an den Körper. Verdecke mit der Körpernaht den evtl. sichtbaren kleinen Knoten der Baumwollfäden vom Vertiefen der Augen.

Nähe die Flügel an den Körper. Benutze dafür den Restfaden, den du beim Vernähen schon mittig aus dem Flügelpaar heraus geführt hast.

Die Position der Flügel befindet sich beim letzten Farbwechsel von Vanille zu Braun.

Richte die Flügel mittig zum Körper aus und führe den Faden durch den Körper hindurch und führe ihn dann über die Flügelmitte. Wiederhole diese Schritte, bis die Flügel fest am Körper angenäht sind.

Käthe, das Nilpferd

Infos & Material

Materialien:

- Chenillove 001 – Creme (1 Restknäuel)
- Chenillove 013 – Grau (1 1/2 Knäuel = ca. 165 m)
- Ein kleiner Rest Baumwoll- oder Chenillegarn in Rosa
- 4,00 mm Häkelnadel
- 12 mm Sicherheitsaugen

Größe: ca. 29 cm

Schwierigkeitsgrad: 2

Achtung, Farbwechsel zu Creme werden durch eine andere Textfarbe zusätzlich gekennzeichnet.

Kopf

Häkle in Grau.

Starte mit einer Luftmaschenkette aus 6 LM und starte in der 2. Masche von der Nadel aus gezählt.

1. 4 fM, 4 fM in die letzte Masche der Kette, drehe diese nun und behäkle die Rückseite: 3 fM, verd in die letzte Masche (13)
2. verd, 3 fM, (verd) x 4, 4 fM, verd (19)
3. 1 fM, *1 fM, Noppe*, 4 fM, *1 fM, Noppe*, (1 fM, verd) x 3, 2 fM, (1 fM, verd) x 2 (26)
4. (1 fM, verd) x 2, 4 fM, (2 fM, verd) x 3, 3 fM, (2 fM, verd) x 2 (33)

5.-6. 33 fM (33) 2 Rd

7. abn, 1 fM, abn, 7 fM, abn, (1 fM, abn) x 2, 10 fM, abn, 1 fM (27)
8. 3 fM, (verd, 1 fM) x 3, 18 fM (30)
9. 1 fM, (1 fM, verd) x 6, 17 fM (36)
10. (5 fM, verd) x 6 (42)
11. 42 fM (42)
12. 3 fM, verd, (6 fM, verd) x 5, 3 fM (48)

Setze während der nächsten Runden schon einmal die Sicherheitsaugen ein, wenn du welche verwenden möchtest. Sie befinden sich zwischen Runde 8 und 9. Sie sitzen ungefähr auf einer Linie mit den Nasenlöchern. Es sind 8 sichtbare Maschen zwischen den Augen zu sehen.

13.-17. 48fM (48) 5 Rd

18. 3 fM, abn, (6 fM, abn) x 5, 3 fM (42)
19. (5 fM, abn) x 6 (36)
20. 2 fM, abn, (4 fM, abn) x 5, 2 fM (30)
21. (3 fM, abn) x 6 (24)

Beginne, mit Watte zu füllen. Fülle kontinuierlich weiter.

22. 1 fM, abn, (2 fM, abn) x 5, 1 fM (18)
23. (1 fM, abn) x 6 (12)
24. (abn) x 6 (6)

Faden lang abschneiden. Ziehe mit einer Nadel den Faden durch die verbleibenden 6 vMG und ziehe anschließend an ihm, um das Loch zu schließen. Der Restfaden wird im Kopf vernäht.

Ohren (2x)

Häkle in Grau.

1. 6 fM in einen MR (6)
2. (verd) x 6 (12)
3. 12 fM (12)

Die Ohren werden nach innen gestülpt, also der Wölbung entsprechend, in die sich das Häkelteil wölbt. Kneife den unteren Teil leicht zusammen und vernähe dies mit 2-3 Stichen, damit die Ohren ihre Form erhalten.

Hinterbeine (2x)

Beginne in Grau.

1. 8 fM in einen MR (8)
2. (verd) x 8 (16)
3. (1 fM, verd) x 8 (24)
4. Häkle hier jeweils in die hMG. **In dieser Runden werden die Nägel in Creme als Noppe gehäkelt.** Masche also vor jedem FW deine zuletzt gehäkelte Masche mit

der neuen Farbe ab (siehe auch Tutorial).

2 fM, FW zu Creme (1 Noppe in Creme, mit Grau abmaschen, 1 fM in Grau, mit Creme abmaschen) x 3, 1 Noppe in Creme, in Grau abmaschen, 15 fM (24)

5. 24 fM (24)
6. (6 fM, abn) x 3 (21)
7. 21 fM (21)
8. (5 fM, abn) x 3 (18)
9. 18 fM (18)
10. (4 fM, abn) x 3 (15)
11. 15 fM (15)
12. (3 fM, abn) x 3 (12)
13. 12 fM (12)

Stopfe das Bein mit Füllwatte aus. Fülle das Bein bis etwa zur Runde 10 mit Füllwatte, der Rest bleibt ungefüllt, damit es später beweglicher bleibt.

14. (2 fM, abn) x 3 (9)

Häkle nun 3 zusätzliche feste Maschen)oder so viele wie nötig), damit die Kante der beiden Lagen auf einer Linie mit den Nägeln liegt.

Häkle die Öffnung mit 4 fM zu und vernähe den Restfaden im Bein.

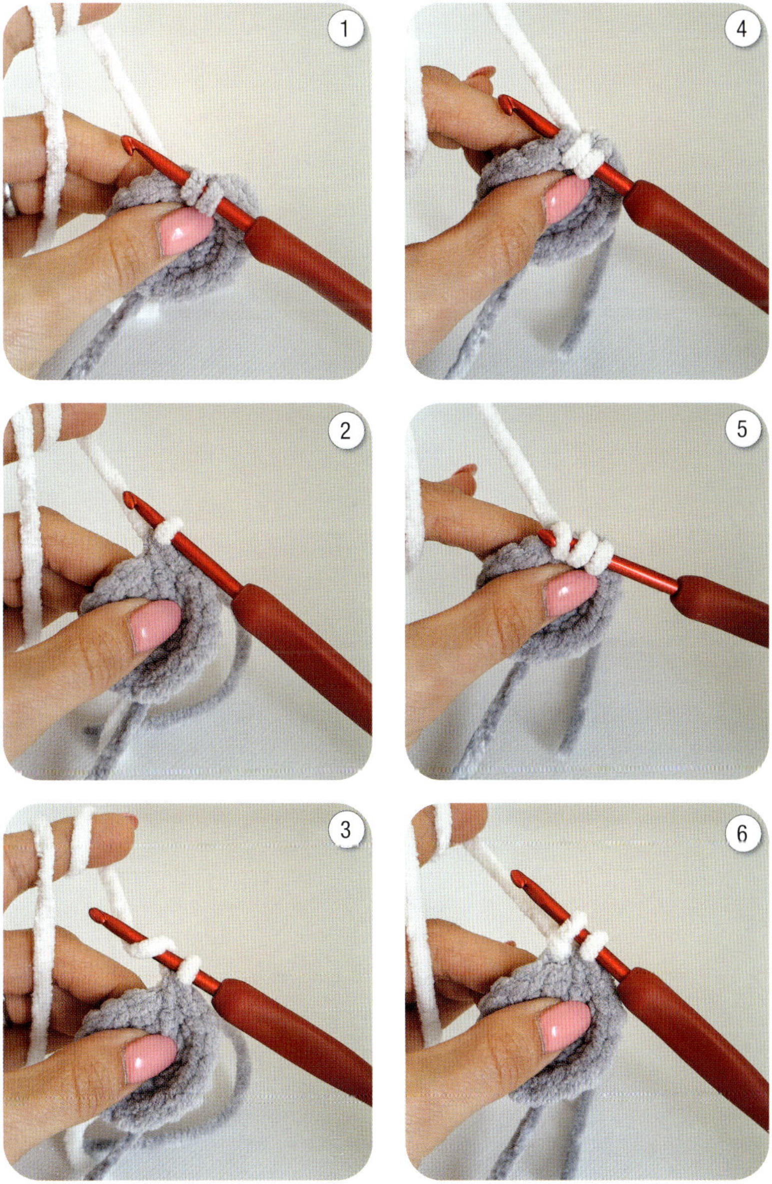

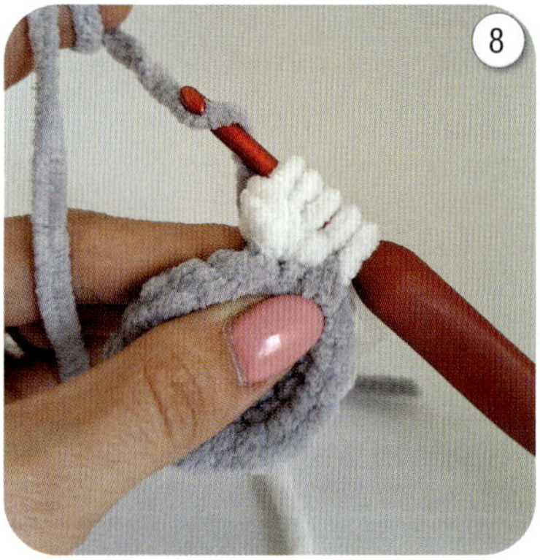

Vorderbeine (2x)

Beginne in Grau.

1. 6 fM in einen MR (6)
2. (verd) x 6 (12)
3. (1 fM, verd)x 6 (18)
4. Häkle hier jeweils in die hMG. **In dieser Runde werden die Nägel in Creme als Noppe gehäkelt.** Masche also vor jedem FW deine zuletzt gehäkelte Masche mit

der neuen Farbe ab (siehe auch Tutorial).

2 fM, FW zu Creme (1 Noppe in Creme, mit Grau abmaschen, 1 fM in Grau, mit Creme abmaschen) x 3, 1 Noppe in Creme, in Grau abmaschen, 9 fM (18)

5. 18 fM(18)
6. (4 fm, abn) x 3 (15)
7.-9. 15 fM (15) 3 Rd
10. (3 fm, abn) x 3 (12)

Stopfe das Bein mit Füllwatte aus. Fülle das Bein bis etwa zur Runde 10 mit Füllwatte, der Rest bleibt ungefüllt, damit es später beweglicher bleibt.

11.-12. 12 fM (12) 2 Rd
13. (2 fM, abn) x 3 (9)

Häkle nun 2 zusätzliche feste Maschen (oder so viele wie nötig), damit die Kante der beiden Lagen auf einer Linie mit den Nägeln liegt.

Häkle die Öffnung mit 4 fM zu und vernähe den Restfaden im Bein.

Körper

Häkle in Grau.

Achte nun darauf, dass der Körper bis auf die letzte Runde aus halben Stäbchen gehäkelt wird. Dies betrifft auch die Zu- und die Abnahmen. Zusammengehäkelt wird der Körper dann mit festen Maschen.

1. 6 hStb in einen MR(6)
2. hStb verd x 6 (12)
3. (1 hStb, hStb verd) x 6 (18)
4. (1 hStb, hStb verd) x 9 (27)
5. In dieser Runde werden die Beine mit eingehäkelt:

   1 hStb, hStb verd, (4 hStb durch das erste Hinterbein und den Körper, die Nägel schauen dich an), 5 hStb, (4 hStb durch das zweite Hinterbein und den Körper, die Nägel schauen dich an), hStb verd, 6 hStb, hStb verd, 4 hStb (30)
6. (4 hStb, hStb verd) x 6 (36)
7. (5 hStb, hStb verd) x 6 (42)
8. (6 hStb, hStb verd) x 6 (48)

9.-10. 48 hStb (48) 2 Rd

11. (6 hStb, hStb abn) x 6 (42)
12. 42 hStb (42)
13. (5 hStb, hStb abn) x 6 (36)
14. (4 hStb, hStb abn) x 6 (30)

Jetzt werden die Vorderbeine mit eingehäkelt.

15. 2 hStb, hStb abn, 1 hStb

    (4 hStb durch Vorderbein 1 und Körper, die Nägel zeigen zu dir), (hStb abn, hStb) x 2, hStb abn, (4 hStb durch Vorderbein 2 und Körper, die Nägel zeigen zu dir), hStb abn, 5 hStb, hStb abn (24)
16. (2 hStb, hStb abn) x 6 (18)
17. (1 hStb, hStb abn) x 6 (12)

Der Körper bleibt ungefüllt. Häkle jetzt 3 fM (oder so viele wie nötig), damit du die Öffnung parallel zum Körper mit 5 fM zusammenhäkeln kannst.

Schneide den Faden mit einem langen Reststück ab. Mit diesem Restfaden nähst du später den Kopf an den Körper.

Schwanz

Der Schwanz besteht aus einer doppelten Luftmaschenkette, die besonders robust ist (siehe auch Tutorial). Sie wird direkt an den Körper gehäkelt. Stich dabei mit deiner Häkelnadel mittig zwischen Runde 4 und 5 am Rücken ein und hole den Faden. Lasse dabei einen langen Anfangsfaden.

Arbeite dann eine doppelte Luftmaschenkette mit 4 Luftmaschen, schneide den Faden ab und verknote die Enden doppelt. Vernähe nun die Fäden in der Luftmaschenkette (siehe Fotos) und verstecke sie im Körper.

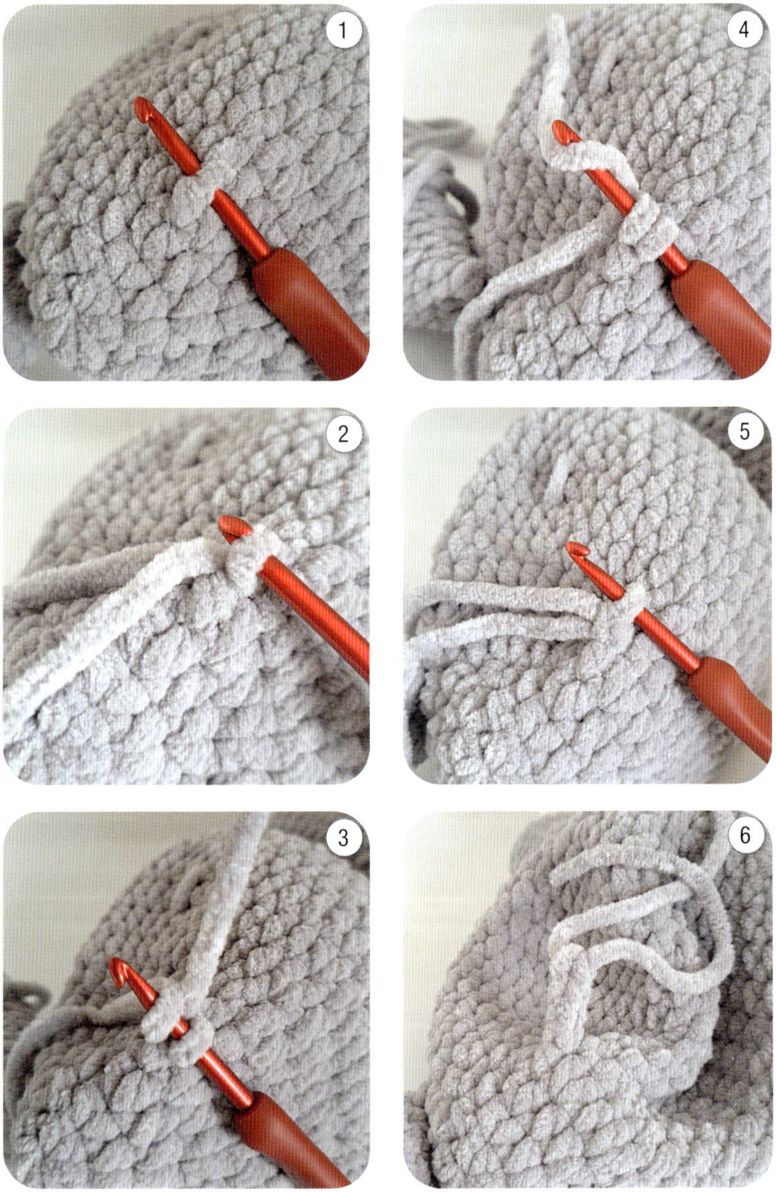

Fertigstellung

Nähe die Ohren beginnend ab Runde 16 des Kopfes an. Sie bilden in der Seitenansicht des Kopfes eine imaginäre Diagonale von den Nasenlöchern über die Augen. Zwischen den Ohren ist ein Abstand von 12 Maschen.

Vertiefe die Augen und sticke Käthe Details am Auge auf:

Benutze dafür den weißen Baumwollfaden für die Highlights am Auge und die schwarze Baumwolle für den Wimpernkranz.

Die Augenbrauen setze ich 3 Runden über das Auge, sie verlaufen dabei über 3 Maschen.

Sticke Käthe mit rosafarbener Baumwolle oder Chenillewolle noch zarte Bäckchen auf.

Nähe den Kopf an den Körper. Verdecke mit der Körpernaht den evtl. sichtbaren kleinen Knoten der Baumwollfäden vom Vertiefen der Augen.

Mette, der Elefant

Infos & Material

Materialien:

- Chenillove 01 – Creme (1/4 Knäuel = ca. 27,5 m)
- Chenillove 07 – Flieder (2 Knäuel, ca. 220 m)
- 4,00 mm Häkelnadel
- 12 mm Sicherheitsaugen

Größe: ca. 28 cm

Schwierigkeitsgrad: 2

Kopf

Häkle in Flieder.

1. 6 fM in einen MR (6)
2. (verd) x 6 (12)
3. (1 fM, verd) x 6 (18)
4. 1 fM, verd, (2 fM, verd) x 5, 1 fM (24)
5. (3 fM, verd) x 6 (30)
6. 2 fM, verd, (4 fM, verd) x 5, 2 fM (36)
7. (5 fM, verd) x 6 (42)

8.-13. 42 fM (42) 6 Rd

Tipp: Markiere dir mit Maschenmarkierern den Anfang und das Ende der Zunahmen in der nächsten Runde.

14. 18 fM, (verd) x 6, 18 fM (48)

15. (6 fM, verd) x 2, 3 fM, verd – du bist nun an der Stelle angelangt, wo du in der letzten Runde die 6 Zunahmen gehäkelt hast. Diese 12 Maschen werden nun übersprungen!

Häkle 6 Luftmaschen und stich in der 13. Masche wieder ein und häkel hier eine Zunahme, also 2 fM in die 13. Masche

Weiter geht es mit 3 fM, (6 fM, verd) x2 (48)

16. 48 fM (48)

17. (abn) x 24 (24)

Setze hier schon einmal die Sicherheitsaugen ein, wenn du welche verwenden möchtest. Sie befinden sich zwischen Runde 12 und 13. Es sind ca 6-7 sichtbare Maschen zwischen den Augen zu sehen. Die Öffnung für den Rüssel sollte sich mittig zwischen den Augen befinden.

Beginne, den Kopf mit Watte zu füllen. Fülle kontinuierlich weiter.

18. 1 fM, abn, (2 fM, abn) x 5, 1 fM (18)

19. (1 fM, abn) x 6 (12)

20. (abn) x 6 (6)

Faden lang abschneiden. Nähe mit einer Nadel den Faden durch die verbleibenden 6 vMg und ziehe anschließend an ihm, um das Loch zu schließen. Der Restfaden wird im Kopf vernäht.

Rüssel

Häkle in Flieder.

Nimm dir den Kopf zur Hand und halte ihn so, dass du Mette frontal ins Gesicht schaust. Nimm den Faden mit einer stehenden Masche in der 1. Masche der Luftmaschenkette aus Runde 15 des Kopfes auf. Es ist die Masche auf der rechten Seite.

1. Häkle 6 fM entlang der Luftmaschenkette, 1 fM in den Zwischenraum zwischen Runde 14 und 15 (siehe Foto), 12 fM in die Zunahmen aus Runde 14 und eine fM in den Zwischenraum zwischen Runde 14 und 15. Du hast nun 20 fM gehäkelt. Arbeite in Spiralrunden weiter.

2. 20 fM (20)
3. 6 fM, abn, 10 fM, abn (18)

4.-5. 18 fM (18) 2 Rd

Stopfe den Rüssel nur im oberen Drittel, vor allem stopfe genügend Watte in die Stirn und in Richtung Stirn, damit sich dieser Teil schön ausformt, wenn du später die Augen definierst.

6. (abn) x 4, 10 fM (14)

7.-9. 14 fM (14) 3 Rd

10. abn, 3 fM, abn, 7 fM (12)

11.-13. 12 fM (12) 3 Rd

14. abn, 2 fM, abn, 6 fM (10)

15.-17. 10 fM (10) 3 Rd

18. 1 fM, (abn) x 2, 5 fM (8)

19.-21. 8 fM (8) 3 Rd

22. 1 fM, (abn) x2, 3 fM (6)

23. 6 fM

Beende die Arbeit und schneide den Faden mit einem langen Rest ab. Faden lang abschneiden. Ziehe mit einer Nadel den Faden durch die verbleibenden 6 vMG und ziehe anschließend an ihm, um das Loch zu schließen. Der Restfaden wird im Rüssel vernäht.

Ohren (2x)

Häkle in Flieder.

Die Ohren werden mit einem Maschenring begonnen, aber in Reihen gehäkelt. Das bedeutet, dass du am Ende des Maschenrings und am Ende jeder weiteren Runde eine Luftmasche häkelst. Diese wird später nicht mitgezählt, sie dient nur dazu, dass du an Höhe gewinnst für die nächste Runde.

Nach dieser Luftmasche wendest du das Häkelstück und häkelst in die Richtung zurück, aus der du gekommen bist.

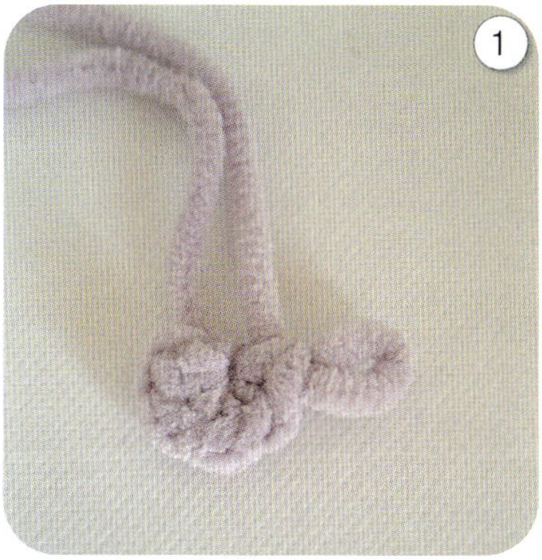

1. 5 fM in einen MR, 1 WLM (5)
2. (hStb verd) x 5, 1 WLM (10)
3. (hStb, hStb verd) x 5, 1 WLM (15)
4. (2 hStb, hStb verd) x 5, 1 WLM (20)
5. (3 hStb, hStb verd) x 5, 1 WLM (25)
6. 2 hStb, hStb verd, (4 hStb, hStb verd) x 4, 2 hStb (30)

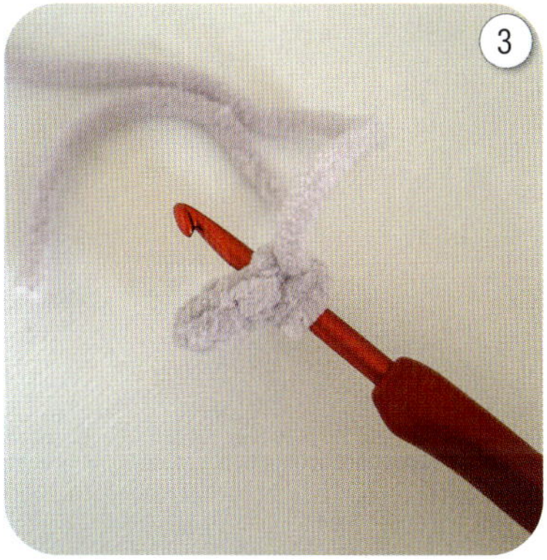

Beende die Arbeit und lass einen langen Faden als Rest. Klappe nun den oberen Teil des Ohres bis zum Beginn des Maschenrings und nähe diesen Teil fest (siehe Fotos).

Wiederhole beim zweiten Ohr diesen Teil, klappe das Ohr aber diesmal auf die andere Seite Richtung Maschenring. So stellst du ein linkes und ein rechtes Ohr her.

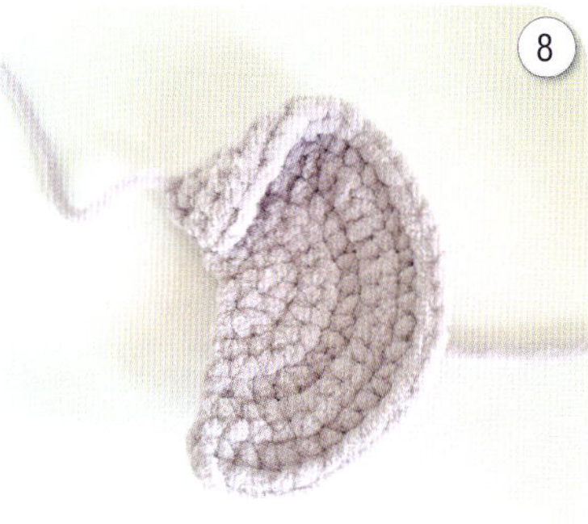

Hinterbeine (2x)

Häkle in Flieder und Creme. Beginne in Flieder.

1. 8 fM in einen MR (8)
2. (verd) x 8 (16)
3. (1 fM, verd) x 8 (24)
4. Häkle hier jeweils in die hMG. In dieser Runden werden die Nägel in Creme als Noppen gehäkelt. Masche also vor jedem FW deine zuletzt gehäkelte Masche mit der neuen Farbe ab (siehe auch Tutorial).

   2 fM, FW zu Creme (1 Noppe in Creme, mit Flieder abmaschen, 1 fM in Flieder, mit Creme abmaschen) x 3, 1 Noppe in Creme, in Flieder abmaschen, 15 fM (24)
5. 24 fM (24)
6. (abn, 10 fM) x 2 (22)
7. 22 fM (22)
8. (abn, 9 fM) x 2 (20)
9. (8 fM, abn) x 2 (18)

10.-11. 18 fM (18) 2 Rd

12. (4 fM, abn) x 3 (15)
13. 15 fM (15)

Stopfe das Bein mit Füllwatte aus. Fülle das Bein bis etwa zur Runde 10 mit Füllwatte, der Rest bleibt ungefüllt, damit es später beweglicher bleibt.

14. (1 fM, abn) x 5 (10)
15. 5 fM, abn, 3 fM (9)

Häkle nun 1 zusätzliche feste Masche oder soviele wie nötig, damit die Kante der beiden Lagen auf einer Linie mit den Nägeln liegt.

Häkle die Öffnung mit 4 fM zu und vernähe den Restfaden im Bein.

Vorderbeine (2x)

Häkle in Flieder und Creme. Beginne in Flieder.

1. 6 fM in einen MR (6)
2. (verd) x 6 (12)
3. (1 fM, verd) x 6 (18)
4. Häkle hier jeweils in die hMG. In dieser Runden werden die Nägel in Creme als Noppen gehäkelt. Masche also vor jedem FW deine zuletzt gehäkelte Masche mit der neuen Farbe ab (siehe auch Tutorial).

   2 fM, FW zu Creme (1 Noppe in Creme, mit Flieder abmaschen, 1 fM in Flieder, mit Creme abmaschen) x 3, 1 Noppe in Creme, in Flieder abmaschen, 9 fM (18)

5.-6. 18 fM (18) 2 Rd

7. (abn, 7 fM) x 2 (16)
8. 16 fM (16)

9. (2 fM, abn) x 4 (12)

10.-12. 12 fM (12) 3 Rd

Stopfe das Bein mit Füllwatte aus. Fülle das Bein bis etwa zur Runde 8 mit Füllwatte, der Rest bleibt ungefüllt, damit es später beweglicher bleibt.

13. (2 fM, abn) x 3 (9)

Häkle nun 3 zusätzliche feste Maschen oder so viele wie nötig, damit die Kante der beiden Lagen auf einer Linie mit den Nägeln liegt.

Häkle die Öffnung mit 4 fM zu und vernähe den Restfaden im Bein.

Körper

Häkle in Flieder.

Achte nun darauf, dass der Körper bis auf die letzte Runde aus halben Stäbchen gehäkelt wird. Dies betrifft auch die Zu- und die Abnahmen. Zusammengehäkelt wird der Körper dann mit festen Maschen.

1. 6 hStb in einen MR (6)
2. hStb verd x 6 (12)
3. (1 hStb, hStb verd) x 6 (18)
4. (1 hStb, hStb verd) x 9 (27)
5. In dieser Runde werden die Beine mit eingehäkelt:
   1 hStb, hStb verd, (4 hStb durch das erste Hinterbein und den Körper, die Nägel schauen dich an), 5 hStb, (4 hStb durch das zweite Hinterbein und den Körper, die Nägel schauen dich an), hStb verd, 6 hStb, hStb verd, 4 hStb (30)
6. (4 hStb, hStb verd) x 6 (36)
7. (5 hStb, hStb verd) x 6 (42)
8. (6 hStb, hStb verd) x 6 (48)

9.-10. 48 hStb (48) 2 Rd

11. (6 hStb, hStb abn) x 6 (42)
12. 42 hStb (42)
13. (5 hStb, hStb abn) x 6 (36)
14. (4 hStb, hStb abn) x 6 (30)

Jetzt werden die Vorderbeine mit eingehäkelt.

15. 2 hStb, hStb abn, 1 hStb (4 hStb durch Vorderbein 1 und Körper, die Nägel zeigen zu dir), (hStb abn, hStb,) x 2, hStb abn, (4 hStb durch Vorderbein 2 und Körper, die Nägel zeigen zu dir), hStb abn, 5 hStb, hStb abn (24)
16. (2 hStb, hStb abn) x 6 (18)
17. (1 hStb, hStb abn) x 6 (12)

Der Körper bleibt ungefüllt. Häkle jetzt 3 fM oder soviele wie nötig, damit du die Öffnung parallel zum Körper mit 5 fM zusammenhäkeln kannst. Schneide den Faden mit einem langen Restfaden ab. Mit diesem Restfaden nähst du später den Kopf an den Körper.

Schwanz

Häkle in Flieder.

Der Schwanz besteht aus einer doppelten Luftmaschenkette, die besonders robust ist. Sie wird direkt an den Körper gehäkelt. Stich dabei mit deiner Häkelnadel mittig zwischen Runde 4 und 5 am Rücken ein und hole den Faden. Lasse dabei einen langen Anfangsfaden.

Arbeite dann eine doppelte Luftmaschenkette mit 6 Luftmaschen, schneide den Faden ab und verknote die Enden doppelt. Vernähe nun die Fäden in der Luftmaschenkette (siehe Fotos) und verstecke sie im Körper.

Mette hat den gleichen Schwanz, sieh dir dort einfach noch die Fotos an, wenn du Hilfe brauchst.

Fertigstellung

Nähe die Ohren beginnend ab Runde 9 des Kopfes an. Sie verlaufen in einem Halbkreis bis hinunter zu Runde 18.

Vertiefe die Augen und sticke Mette Details am Auge auf:

Benutze dafür den weißen Baumwollfaden für die Highlights am Auge und die schwarze Baumwolle für den Wimpernkranz.

Die Augenbrauen setzt du 3 Runden über das Auge, sie verlaufen dabei über 2 Maschen zur Seite und eine Runde nach unten. Sie sind also diagonal.

Häkle Mette noch 5 Haare aus Luftmaschenketten, die aus 8 Luftmaschen bestehen (siehe Tutorial).

Nähe den Kopf an den Körper. Verdecke mit der Körpernaht den evtl. sichtbaren kleinen Knoten der Baumwollfäden vom Vertiefen der Augen.

4

5

6

7

8

9

10

11

Juri, der Papageientaucher

Infos & Material

Materialien (Farbgebung 1):

- Chenillove 01 – Creme (1 Knäuel = ca. 110 m)
- Chenillove 14 – Schwarz (1 Knäuel = ca. 110 m)
- Chenillove 10 – Hellblau (kleiner Rest)
- Chenillove 03 – Vanille (kleiner Rest)
- Gründl Funny 29 – Safran (1/4 Knäuel = ca. 27,5 m)

Materialien (Farbgebung 2):

- Chenillove 13 – Grau (1 Knäuel = ca. 110 m)
- Chenillove 01 – Creme (1 Knäuel = ca. 110 m)
- Chenillove 10 – Hellblau (kleiner Rest)
- Chenillove 09 – Mint (kleiner Rest)

- 4,00 mm Häkelnadel
- 12 mm Sicherheitsaugen

Größe: ca. 27 cm
Schwierigkeitsgrad: 2

Kopf

Häkle in Creme und Beige. Starte mit Creme.

1. 6 fM in einen MR (6)
2. (verd) x 6 (12)
3. (1 fM, verd) x 6 (18)
4. 1 fM, verd, (2 fM, verd) x 5, 1 fM (24)
5. (3 fM, verd) x 6 (30)
6. 2 fM, verd, (4 fM, verd) x 5, 2 fM (36)
7. (5 fM, verd) x 6 (42)

Setze hier schon das erste Sicherheitsauge ein, wenn du welche verwenden möchtest. Es wird zwischen der 4. und 5. Runde eingesetzt und befindet sich gegenüber dem Rundenanfang.

Alternativ kannst du Juri auch schöne Augen aufsticken. Wie das funktioniert, erkläre ich dir im Tutorial »Augen aufsticken«. Die typischen Merkmale für Papageientaucher-Augen findest du in Juris Kapitel „Fertigstellung".

Farbwechsel zu Schwarz.

8. 3 fM, verd, (6 fM, verd) x 5, 3 fM (48)

9.-15. 48 fM (48) 7 Rd

16. 3 fM, abn, (6 fM, abn) x 5, 3 fM (42)

Farbwechsel zu Creme.

17. (5 fM, abn) x 6 (36)
18. 2 fM, abn, (4 fM, abn) x 5, 2 fM (30)
19. (3 fM, abn) x 6 (24)

Beginne, mit Watte zu füllen. Fülle kontinuierlich weiter.

20. 1 fM, abn, (2 fM, abn) x 5, 1 fM (18)
21. (1 fM, abn) x 6 (12)

Bringe jetzt das zweite Sicherheitsauge an. Es ist etwas fummelig, nimm dir genügend Zeit. Auch dieses befindet sich gegenüber dem Farbwechsel. Schaust du Juri frontal ins Gesicht, sollten die Augen symmetrisch auf einer Höhe sein.

22. (abn) x 6 (6)

Faden lang abschneiden. Ziehe mit einer Nadel den Faden durch die verbleibenden 6 vMG und ziehe anschließend an dem Restfaden, um das Loch zu schließen. Der Restfaden wird im Kopf vernäht.

Schnabel

Häkle in Safran, Hellblau und Vanille. Beginne mit Safran.

1. 5 fM in einen MR (5)
2. (verd) x 5 (10)
3. (1 fM, verd) x 5 (15)
4. (2 fM, verd) x 5 (20)
5. (3 fM, verd) x 5 (25)

Farbwechsel zu Hellblau.

6.-8. 25 fM (25) 3 Rd

Farbwechsel zu Vanille.

9.-10. 25 fM (25) 2 Rd

Der Schnabel wird nicht mit Watte gefüllt.

Beende die Arbeit mit einer KM und schneide den Faden lang ab, um den Schnabel später am Kopf festzunähen.

Füße (2x)

Häkle in Safran.

1. Beginne mit einer Luftmaschenkette aus 8 LM.
2. Häkle nun ab der 2. Masche von der Nadel 6 fM und 3 fM in die letzte LM. Drehe die Luftmaschenkette nun um und arbeite jetzt in die hinteren MG der Kette, damit wir ein Oval erhalten: 5 fM, 3 fm in die letzte Masche (17)
3. verd, 16 fM (18)
4. 18 fM (18)
5. (abn, 7 fM) x 2 (16)
6. 16 fM (16)
7. (abn, 6 fM) x 2 (14)
8. 14 fM (14)
9. (abn, 5 fM) x 2 (12)
10. 12 fM (12)
11. abn x 6 (6)

Die Füße werden nicht gefüllt.

Faden abschneiden und dabei einen längeren Restfaden stehen lassen. Führe mit einer Nadel den Faden durch die verbleibenden 6 vMG und ziehe anschließend an ihm, um das Loch zu schließen. Der Restfaden wird im Fuß vernäht.

Beine (2x)

Nimm den Fuß und halte ihn so vor dich, dass die breite Seite zu dir und die Spitze von dir weg zeigt. Stell dir nun ein Quadrat vor, welches du nun auf den Fuß aufhäkelst. Stich dafür zwischen der 6. und der 7. Runde des Fußes mit deiner Häkelnadel ein und hole den Faden (siehe Bilder und Vorgehensweise von Ente Puddles).

Häkle nun 2 fM nach links, drehe den Fuß um 90° nach links, häkle wieder 2 fM. Drehe den Fuß erneut um 90°

nach links und häkle wiederum 2 fM. Ein letztes Mal um 90° drehen und weitere 2 fM häkeln. Du hast nun ein Quadrat aus 8 fM gehäkelt.

Häkle weitere 3 Runden aus 8 fM, fülle sie mit Füllwatte und schließe die Beine, indem du die Seiten aufeinander legst und mit 4 fM zusammenhäkelst. Die zusammengehäkelte Kante sollte parallel zu der Kante vorne an den Fußspitzen sein.

Flügel (2x)

1. 6 fM in einen MR (6)
2. (1 fM, verd) x 3 (9)
3. 9 fM (9)
4. verd x 9 (18)
5. (2 fM, verd) x 6 (24)
6. 24 fM (24)
7. (3 fM, verd) x 6 (30)

8.-11. 30 fM (30) 4 Rd

12. (3 fM, abn) x 6 (24)

13.-14. 24 fM (24) 2 Rd

15. (2 fM, abn) x 6 (18)

16.-17. 18 fM (18) 2 Rd

18. (1 fM, abn) x 6 (12)
19. (1 fM, abn) x 4 (8)

Die Flügel werden nicht mit Watte gefüllt.

Lege die Kanten aufeinander und häkle den Flügel mit 4 fM zusammen.

Schneide den Faden ab und vernähe den Rest im Inneren.

Körper

Häkle in Creme und Schwarz.

Achte darauf, dass der Körper bis auf die letzte Runde mit halben Stäbchen gehäkelt wird. Dies betrifft auch die Zu- und die Abnahmen. Zusammengehäkelt wird der Körper dann wieder mit festen Maschen.

Beginne mit Creme.

1. 6 hStb in einen MR (6)
2. hStb verd x 6 (12)
3. (1 hStb, hStb verd) x 6 (18)
4. (1 hStb, hStb verd) x 9 (27)
5. In dieser Runde werden die Beine mit eingehäkelt:
   5 hStb, hStb verd, (4 hStb durch Bein 1 und den Körper, der Fuß zeigt dabei nach oben), 6 hStb, (4 hStb durch Bein 2 und den Körper, der Fuß zeigt dabei nach oben), hStb verd, 5 hStb, hStb verd (30)
6. (4 hStb, hStb verd) x 6 (36)
7. (5 hStb, hStb verd) x 6 (42)
8. (6 hStb, hStb verd) x 6 (48)

9.-10. 48 hStb (48) 2 Rd

11. (6 hStb, hStb abn) x 6 (42)

Farbwechsel zu Schwarz.

12. 42 hStb (42)
13. (5 hStb, hStb abn) x 6 (36)
14. (4 hStb, hStb abn) x 6 (30)

Jetzt werden die Flügel mit eingehäkelt. Falls die Flügel dir unsymmetrisch erscheinen: Sie sollen links und rechts vom Körper liegen. Passe deine Maschen an, wenn das nicht der Fall sein sollte.

15. 3 hStb, hStb abn, 1 hStb, (2 hStb, hStb abn durch Flügel Nr. 1 und Körper), (3 hStb, hStb abn) x 2, 1 hStb, (2 hStb, hStb

abn durch Flügel Nr. 2 und Körper), 3 hStb, hStb abn (24)

16. (2 hStb, hStb abn) x 6 (18)
17. (1 hStb, hStb abn) x 6 (12)

Der Körper bleibt ungefüllt. Lege jetzt die beiden Kanten des Körpers aufeinander und häkle ihn mit 5 fM zusammen.

Fertigstellung

Nähe den Schnabel über den Runden 12 und 13 an. Entnimm die Position den Fotos.

Sticke Juri Details am Auge auf:

Nimm dir dafür schwarzen Baumwollfaden und sticke links und rechts mittig vom Auge jeweils eine Gerade auf. Danach benutzt du Weiß für die Augendetails und Schwarz für den Wimpernkranz. Die Augenbrauen setze ich 3 Runden über das Auge. Alternativ kannst du ihm auch Augen sticken. (Tutorial Augen sticken)

Hast du die Augen wie aus dem Tutorial aufgestickt, fügst du zusätzlich mit schwarzem Baumwollfaden noch eine Linie vertikal über 2 Runden hinzu und eine waagerechte Linie, die über ca. 3 Runden verläuft.

Nähe den Körper mittig unten am Kopf fest. Beachte, dass Juri einen leicht nach unten geneigten Blick haben soll. Das klappt ganz gut, wenn du 4 Reihen vom Schnabel aus nach unten zählst und dort den Körper annähst.

Haare anhäkeln

Sieh dir für Fotos auch nochmal das Tutorial an.

Nimm das schwarze Garn und halte den Kopf so vor dich, dass du von oben auf den Kopf schaust, der Schnabel zeigt von dir weg. Stich mit deiner Häkelnadel in den Kopf ein und komme in der nächsten darüberliegenden Masche wieder heraus. Greife den schwarzen Faden, hole ihn durch die Masche und masche den Faden ab. Häkle nun 6 Luftmaschen und stich wieder in den Kopf ein, nur eine Masche links neben deiner ersten Einstichstelle. Befestige die Luftmaschenkette dort mit einer Kettmasche. Wiederhole diesen Vorgang, bis du mit Juris Frisur zufrieden bist. Ich habe auf diese Weise 4 Haare angehäkelt. Anschließend schneidest du den Faden einfach ab, ziehst den Faden durch die letzte Masche und vernähst Anfangs- und Endfaden im Kopf.

Blossom, das Schäfchen

Infos & Material

Materialien:

- Chenillove 01 – Creme (1 Knäuel = ca. 110 m)
- Chenillove 11 – Beige (1/2 Knäue = ca. 55 m)
- 4,00 mm Häkelnadel
- 12 mm Sicherheitsaugen

Größe: ca. 31 cm

Schwierigkeitsgrad: 2

Kopf

Beginne in Beige.

1. 8 fM in einen MR (8)
2. (verd) x 8 (16)
3. (1 fM, verd) x 8 (24)
4. 24 fM (24)
5. (2 fM, verd) x 8 (32)

6.-7. 32 fM (32) 2 Rd

8. 8 fM, (1 fM, verd) x 8, 8 fM (40)
9. 8 fM, (2 fM, verd) x 8, 8 fM (48)

10.-12. 48 fM (48) 3 Rd

Wechsel zu Creme.

Arbeite in der nächsten Runde zuerst in die vMg, um die Löckchen am Kopf zu häkeln:

13. (1 M überspringen, *2 hStb, 1 Stb, 2 hStb*) x 24 (48)

Arbeite nun in die hMg der Runde 13:

48 fM (48)

Setze während der nächsten 3 Runden schon einmal die Sicherheitsaugen ein, wenn du welche verwenden möchtest. Sie befinden sich zwischen Runde 7 und 8. Die Zunahmen aus diesen Runden liegen oben und bilden sozusagen die Stirn. Es sind ca. 11 sichtbare Maschen zwischen den Augen zu sehen.

14.-16. 48 fM (48) 3 Rd
17. (6 fM, abn) x 6 (42)
18. (5 fM, abn) x 6 (36)
19. (4 fM, abn) x 6 (30)
20. (3 fM, abn) x 6 (24)

Beginne, den Kopf mit Watte zu füllen. Fülle kontinuierlich weiter.

21. (2 fM, abn) x 6 (18)
22. (1 fM, abn) x 6 (12)
23. (abn) x 6 (6)

Faden lang abschneiden. Ziehe mit einer Nadel den Faden durch die verbleibenden 6 vMG und ziehe anschließend an ihm, um das Loch zu schließen. Der Restfaden wird im Kopf vernäht.

Ohren (2x)

Häkle in Beige und Creme.

Beginne mit Beige und häkle 2 Ohren. Diese werden beendet und der Restfaden wird unsichtbar vernäht (siehe Tutorial).

1. 6 fM in einen MR (6)
2. (verd) x 6 (12)
3. (1 fM, verd) x 6 (18)
4. (2 fM, verd) x 6 (24)

Häkle nun 2 Ohren in Creme, schneide aber den Faden nicht ab!

Bist du bei der letzten Masche von Runde 4 angekommen, lege ein beigefarbenes Ohrteil (die rechte, schöne Seite zeigt nach hinten und außen) hinter dein cremefarbenes und verbinde beide Teile mit 24 festen Maschen. Hast du eine Runde um das Ohr gehäkelt, schneidest du den Faden mit einem langen Restfaden ab, damit du das Ohr am Kopf annähen kannst. Knicke das Ohr am Ende etwas zusammen und nähe beide Kanten etwa 3 Maschen lang zusammen, damit das Ohr seine Form bekommt.

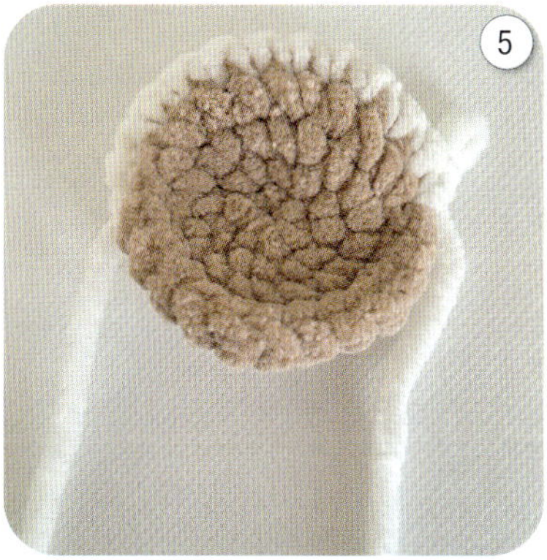

Hinterbeine (2x)

Häkle in Beige und Creme. Beginne in Beige.

1. 6 fM in einen MR (6)
2. (verd) x 6 (12)
3. (1 fM, verd) x 6 (18)
4. ins hMg: 18 fM (18)
5. 18 fM (18)
6. (abn, 7 fM) x 2 (16)
7. 16 fM (16)

Farbwechsel zu Creme.

Tipp: Markiere dir in der nächsten Runde das erste hMG, damit du es leichter wiederfinden kannst.

8. in die vMg: verd x 16, in die hMg: 16 fM (16)
9. (abn, 6 fM) x 2 (14)
10. (abn, 5 fM) x 2 (12)

Stopfe nur den Huf mit Füllwatte aus. Das Bein bleibt ungefüllt, damit es später nicht absteht. Achte darauf, dass sich der untere Teil bis Runde 3 nicht zu stark durch das Stopfen nach außen wölbt.

11.-15. 12 fM (12) 5 Rd

16. (2 fM, abn) x 3 (9)

Häkle das Bein mit 4 fM zu und vernähe den Restfaden im Bein.

Vorderbeine (2x)

Häkle in Beige und Creme. Beginne in Beige.

1. 6 fM in einen MR (6)
2. (verd) x 6 (12)
3. (3 fM, verd) x 3 (15)
4. Häkle hier in die hMG: 15 fM (15)

5.- 8. 15 fM (15) 4 Rd

Farbwechsel zu Creme.

9. in die vMg: verd x 15, in die hMg: 15 fM (15)
10. (3M, abn) x 3 (12)

Stopfe nur den Huf mit Füllwatte aus. Das Bein bleibt ungefüllt, damit es später nicht absteht. Achte darauf, dass sich der untere Teil bis Runde 3 nicht zu stark durch das Stopfen nach außen wölbt.

11.-15. 12 fM (12) 5 Rd

16. (2 fM, abn) x 3 (9)

Häkle das Bein mit 4 fM zu und vernähe den Restfaden im Bein.

Körper

Häkle in Creme.

Achte nun darauf, dass der Körper bis auf die letzte Runde aus halben Stäbchen gehäkelt wird. Dies betrifft auch die Zu- und die Abnahmen. Zusammengehäkelt wird der Körper dann mit festen Maschen.

1. 6 hStb in einen MR (6)
2. hStb verd x 6 (12)
3. (1 hStb, hStb verd) x 6 (18)
4. (1 hStb, hStb verd) x 9 (27)
5. In dieser Runde werden die Beine mit eingehäkelt. Achte darauf, dass der Übergang beim Farbwechsel nach hinten zeigt, also zum Rücken.
   (4 hStb durch das erste Hinterbein und den Körper, der Farbwechsel ist auf der rechten Seite), hStb verd, 7 hStb, hStb verd, (4 hStb durch das zweite Hinterbein und den Körper, der Farbwechsel ist auf der linken Seite), 5 hStb, hStb verd, 4 hStb (30)
6. (4 hStb, hStb verd) x 6 (36)
7. (5 hStb, hStb verd) x 6 (42)
8. (6 hStb, hStb verd) x 6 (48)

9.-10. 48 hStb (48) 2 Rd

11. (6 hStb, hStb abn) x 6 (42)
12. 42 hStb (42)
13. (5 hStb, hStb abn) x 6 (36)
14. (4 hStb, hStb abn) x 6 (30)

Jetzt werden die Vorderbeine mit eingehäkelt. Achte auch hier bitte wieder darauf, dass der Farbwechsel nach hinten zeigt, wie bei den Hinterbeinen.

15. 3 hStb, hStb abn, (4 hStb durch Vorderbein 1 und Körper), hStb abn, 3 hStb, hStb abn, 2 hStb, hStb abn, (4 hStb durch Vorderbein 2 und Körper), hStb abn, 2 hStb, hStb abn (24)
16. (2 hStb, hStb abn) x 6 (18)
17. (1 hStb, hStb abn) x 6 (12)

Der Körper bleibt ungefüllt.

Häkle jetzt 5 fM (oder so viele, wie nötig), damit du die Kante parallel zum Körper mit 5 fM zusammenhäkeln kannst. Schneide den Faden mit einem langen Reststück ab. Mit diesem Restfaden nähst du später den Kopf an den Körper.

Schwänzchen anhäkeln

Drehe Blossom auf den Kopf und stich mit der Häkelnadel in Runde 5 ein. Nicht mittig, sondern ca. 2 Maschen nach rechts versetzt.

Bei Runde 4 kommst du mit deiner Häkelnadel aus dem Schafskörper wieder heraus und holst deinen Faden. Sichere den Faden mit einer LM (Stehende Masche, wird nicht mitgezählt).

Ziehe etwas am Restfaden, damit diese Anfangsmasche verschwindet und du sie nicht aus Versehen mitzählst. Häkle eine weitere fM in dieselbe Masche und 4 weitere fM nach links.

Du hast nun eine Reihe aus 5 fM gehäkelt. Häkle nun keine Wendeluftmasche. Sie ist, obwohl du in Reihen weiter häkelst, nicht nötig.

1.-2. 5 fM (5) 2 Rh

3. abn, 1 fM, abn (3)

4. abn, 1 fM (2)

Beende die Arbeit und vernähe den Faden.

Fertigstellung

Nähe die Ohren in der Reihe hinter den Löckchen an. Ich habe mich für die Position unterhalb der Augen entschieden. Du kannst die Ohren aber auch etwas weiter oberhalb der Augen annähen, das verändert sofort Blossoms Gesichtsausdruck.

5

Vertiefe die Augen und sticke Blossom Details am Auge auf:

Benutze dafür den weißen Baumwollfaden für die Highlights am Auge und die schwarze Baumwolle für den Wimpernkranz.

6

Die Augenbrauen setze ich 2 Runden über das Auge, sie verlaufen dabei über 3 Maschen.

Sticke mit schwarzer Baumwolle Blossoms Nase auf: Der Maschenring ist der Mittelpunkt der Y-förmigen Nase. Die Einstichstellen für den oberen Teil der Nase befinden sich jeweils zwei Maschen zur Seite und eine Runde nach oben. Für den unteren Teil der Nase stickst du 4 Runden vom Mittelpunkt aus nach unten.

7

Pebbles, das Ferkel

Infos & Material

Materialien:

- Chenillove 04 – Rosa (1 Knäuel = ca. 110 m)
- Chenillove 02 – Natur (1/4 Knäuel = ca. 27,5 m)
- 4,00 mm Häkelnadel
- 12 mm Sicherheitsaugen

Größe: ca. 29 cm

Schwierigkeitsgrad: 2

Kopf

Häkle in Rosa.

1. 6 fM in einen MR (6)
2. (*3 fM*, 1 fM) x 3 (12)
3. 1 fM, (*3 fM*, 3 fM) x 2, *3 fM*, 2 fM (18)
4. 2 fM, (*3 fM*, 5 fM) x 2, *3 fM*, 3 fM (24)
5. in die 3. MG. 24 fM (24)
6. 24 fM (24)
7. 6 fM, (1 fM, verd) x 6, 6 fM (30)
8. 6 fM, (2 fM, verd) x 6, 6 fM (36)
9. 36 fM (36)
10. (5 fM, verd) x 6 (42)
11. 42 fM (42)
12. 3 fM, verd, (6fM, verd) x 5, 3 fM (48)

13.-17. 48 fM (48) 5 Rd

Setze während der nächsten 5 Runden schon einmal die Sicherheitsaugen ein, wenn du welche verwenden möchtest. Sie befinden sich zwischen Runde 8 und 9. Sie sollten auf einer Linie mit der Spitze des Dreiecks der Nase sitzen. Es sind ca. 13 sichtbare Maschen zwischen den Augen zu sehen.

18. (6 fM, abn) x 6 (42)
19. (5 fM, abn) x 6 (36)
20. (4 fM, abn) x 6 (30)
21. (3 fM, abn) x 6 (24)

Beginne, mit Watte zu füllen. Fülle kontinuierlich weiter.

22. (2 fM, abn) x 6 (18)
23. (1 fM, abn) x 6 (12)
24. (abn) x 6 (6)

Faden lang abschneiden. Ziehe mit einer Nadel den Faden durch die verbleibenden 6 vMG und ziehe anschließend an ihm, um das Loch zu schließen. Der Restfaden wird im Kopf vernäht.

Sticke Pebbels Nasenlöcher in Natur auf. Beginne jeweils in der 2. Runde links und rechts vom Maschenring. Sie gehen vertikal über 3 Runden hinweg. Führe den Faden ungefähr 2 mal durch jeweils dieselbe Masche.

1

2

Ohren (2x)

Häkle in Rosa.

1. 6 fM in einen MR (6)
2. 6 fM (6)
3. (verd) x 6 (12)
4. (1 fM, verd) x 6 (18)
5. 18 fM (18)
6. (2 fM, verd) x 6 (24)
7. (3 fM, verd) x 6 (30)

8.-9. 30 fM (30) 2 Rd

10. (1 fM, abn) x 10 (20)

Lege die Kanten aufeinander und häkle sie mit ca. 9-10 fM zusammen. Schneide den Faden mit einem langen Rest ab, um die Ohren hinterher an den Kopf zu nähen.

Hinterbeine (2x)

Beginne in Natur.

1. 6 fM in einen MR (6)
2. (verd) x 6 (12)
3. (1 fM, verd) x 6 (18)
4. Häkle hier in die hMG: 18 fM (18)

5.-6. 18 fM (18) 2 Rd

7. (4 fM, abn) x 3 (15)
8. 15 fM (15)

Farbwechsel zu Rosa.

9. (3 fM, abn) x 3 (12)

Fülle nur den Fuß mit Füllwatte. Der Rest des Beins bleibt ungefüllt.

10.-13. 12 fM (12) 4 Rd

14. (2 fM, abn) x 3 (9)

Häkle das Bein mit 4 fM zu und vernähe den Restfaden im Bein.

Vorderbeine (2x)

Beginne in Natur.

1. 8 fM in einen MR (8)
2. (verd) x 8 (16)
3. Häkle hier in die hMG:
   16 fM (16)

4.-5. 16 fM (16) 2 Rd

6. (2 fM, abn) x 4 (12)
7. 12 fM (12)

Farbwechsel zu Rosa.

Fülle nach Runde 8 nur den Fuß mit Füllwatte. Der Rest des Beins bleibt ungefüllt.

8.-12. 12 fM (12) 5 Rd

13. (2 fM, abn) x 3 (9)

Häkle das Bein mit 4 fM zu und vernähe den Restfaden im Bein.

Details an den Hufen

Häkle in Natur.

Nun sorgst du dafür, dass der runde Huf von Pebbels seine typischen 2 Zehen bekommt.

Nimm dir dafür ein längeres Stück naturfarbenes Garn und ziehe es auf deine Wollnadel. Lege jedes Bein so vor dich, dass die zusammengehäkelte Kante vertikal liegt. Orientiere dich gern an den Fotos.

Stich mit der Nadel in die Sohle des Hufes ein und komme mit der Nadel oberhalb von Runde 6 wieder heraus. Stich mit der Nadel nun in die Mitte des Maschenrings ein und beende den Stich wieder oberhalb von Runde 6.

Ziehe nun an beiden Fadenenden und du wirst sehen, dass sich der Huf zusammenzieht und zwei Klauen entstehen. Stich nun einmal erneut in den Fuß und komme beim Anfangsfaden wieder heraus. Verknote beide Fadenenden und verstecke den Knoten im Bein.

Wiederhole diesen Vorgang bei allen 4 Beinen.

Körper

Häkle in Rosa.

Achte nun darauf, dass der Körper bis auf die letzte Runde aus halben Stäbchen gehäkelt wird. Dies betrifft auch die Zu- und die Abnahmen. Zusammengehäkelt wird der Körper dann mit festen Maschen.

1. 6 hStb in einen MR (6)
2. hStb verd x 6 (12)
3. (1 hStb, hStb verd) x 6 (18)
4. (1 hStb, hStb verd) x 9 (27)
5. In dieser Runde werden die Beine mit eingehäkelt. Achte darauf, dass die Klauen am Huf nach vorne zeigen:

   (4 hStb durch das erste Hinterbein und den Körper, die Klauen schauen zur linken Seite), hStb verd, 7 hStb, hStb verd, (4 hStb durch das zweite Hinterbein und den Körper, die Klauen schauen zur rechten Seite), 5 hStb, hStb verd, 4 hStb (30)
6. (4 hStb, hStb verd) x 6 (36)
7. (5 hStb, hStb verd) x 6 (42)
8. (6 hStb, hStb verd) x 6 (48)

9.-10. 48 hStb (48) 2 Rd

11. (6 hStb, hStb abn) x 6 (42)
12. 42 hStb (42)
13. (5 hStb, hStb abn) x 6 (36)

14. (4 hStb, hStb abn) x 6 (30)

Jetzt werden die Vorderbeine mit eingehäkelt. Achte darauf, dass die Zehen am Huf nach vorne zeigen:

15. 3 hStb, hStb abn, (4 hStb durch das erste Vorderbein und den Körper, die Klauen schauen zur linken Seite), hStb abn, 3 hStb, hStb abn, 2 hStb, hStb abn, (4 hStb durch das zweite Vorderbein und den Körper, die Klauen schauen zur rechten Seite), hStb abn, 2 hStb, hStb abn (24)
16. (2 hStb, hStb abn) x 6 (18)
17. (1 hStb, hStb abn) x 6 (12)

Der Körper bleibt ungefüllt.

Häkle jetzt 3 fM (oder so viele, wie nötig), damit du die Kante parallel zum Körper mit 5 fM zusammenhäkeln kannst. Schneide den Faden mit einem langen Reststück ab. Mit diesem Restfaden nähst du später den Kopf an den Körper.

Ringelschwänzchen anhäkeln

Häkle in Rosa.

Nimm das rosafarbene Garn und stich mit deiner Häkelnadel in der Mitte des Rückens in der 5. Runde des Körpers ein. Hole den Faden 2 Maschen weiter links und fixiere den Faden mit einer Luftmasche. Häkle weitere 5 LM.

Häkle nun ab der 2. Masche von der Nadel aus in jede Masche 3 fM. Häkle in jede weitere Luftmasche der Kette jeweils 3fm in eine LM. Am Ende angekommen schneidest du den Faden lang ab und fixierst damit noch einmal den Schwanz am Körper. Am Ende werden die Fäden im Körper vernäht.

Fertigstellung

Nähe die Ohren beginnend ab Runde 14 bis 16 halbkreisförmig an den Kopf an. Zwischen den Ohren befinden sich ca. 6-7 Maschen.

Vertiefe die Augen und sticke Pebbles Details am Auge auf.

Benutze dafür den weißen Baumwollfaden für die Highlights am Auge und die schwarze Baumwolle für den Wimpernkranz.

Die Augenbrauen setze ich 3 Runden über das Auge, sie verlaufen dabei über 3 Maschen.

Nähe den Körper an den Kopf.

Hamish, das Hochlandrind

Infos & Material

Materialien:

- Chenillove 02 – Natur (1/2 Knäuel, ca. 55 m)
- Chenillove 11 – Beige (1 Knäuel, ca. 110 m)
- Chenillove 12 – Braun (1/4 Knäuel, ca. 27,5 m)
- 4,00 mm Häkelnadel
- 12 mm Sicherheitsaugen

Größe: ca. 32 cm

Schwierigkeitsgrad: 2

Kopf

Beginne mit Natur.

Starte mit einer Luftmaschenkette aus 6 LM und starte in der 2. Masche von der Nadel aus gezählt (siehe Tutorial »Luftmaschenkette behäkeln).

1. 4 fM, 4 fM in die letzte Masche der Kette, drehe diese nun und behäkle die Rückseite:
   3 fM, verd in die letzte Masche (13)
2. verd, 3 fM, (verd) x 4, 4 fM, verd (19)
3. 1 fM, verd, 4 fM, verd, (1 fM, verd) x 3, 2 fM, (1 fM, verd) x 2 (26)
4. 26 fM (26)
5. abn, 8 fM, abn, 14 fM (24)

Versuche später, die Nase nicht in die Länge zu stopfen, wenn du beginnst, den Kopf mit Watte zu füllen. Sie soll eher flach und breit bleiben.

Farbwechsel zu Beige.

6. 1 fM, (verd) x 6, 17 fM (30)
7. (2 fM, verd) x 6, 12 fM (36)
8. (5 fM, verd) x 6 (42)
9. (6 fM, verd) x 6 (48)

10.-15. 48 fM (48) 6 Rd

Setze während der nächsten 6 Runden schon einmal die Sicherheitsaugen ein, wenn du welche verwenden möchtest. Sie befinden sich zwischen Runde 7 und 8. Der Kopf wölbt sich schon automatisch und du erkennst recht gut, wo die Augen eingesetzt werden müssen. Es sind ca. 13 sichtbare Maschen zwischen den Augen zu sehen.

16. (6 fM, abn) x 6 (42)
17. (5 fM, abn) x 6 (36)
18. (4 fM, abn) x 6 (30)
19. (3 fM, abn) x 6 (24)

Beginne, den Kopf mit Watte zu füllen. Fülle kontinuierlich weiter.

20. (2 fM, abn) x 6 (18)
21. (1 fM, abn) x 6 (12)
22. (abn) x 6 (6)

Faden lang abschneiden. Ziehe mit einer Nadel den Faden durch die verbleibenden 6 vMG und ziehe anschließend an ihm, um das Loch zu schließen. Der Restfaden wird im Kopf vernäht.

Sticke Hamishs Nüstern in Natur auf. Beginne jeweils in der 2. Runde und sticke die Nüstern über 2 Runden hinweg auf. Sie gehen diagonal in Richtung der Augen.

Zwischen den Nüstern liegen ungefähr 5 Maschen. Führe den Faden ungefähr 8 Mal durch jeweils die gleiche Masche, damit Hamish schöne, dicke Nüstern bekommt.

Ohren (2x)

Häkle in Beige.

1. 6 fM in einen MR (6)
2. (verd) x 6 (12)
3. (verd, 5 fM) x 2 (14)
4. 14 fM (14)

Die Ohren werden nach innen gestülpt, also der Wölbung entsprechend, in die sich das Häkelteil wölbt. Kneife den unteren Teil leicht

zusammen und vernähe dies mit 2-3 Stichen, damit die Ohren ihre Form erhalten.

Hörner (2x)

Beginne in Natur.

1. 4 fM in einen MR (4)
2. 4 fM (4)
3. (fM, verd) x 2 (6)
4. 6 fM (6)

5. (2 fM, verd) x 2 (8)

6.-10. 8 fM (8) 5 Rd

Farbwechsel zu Beige.

11. Häkle nun nur ins vordere Maschenglied:
    (verd) x 8, beende die Runde mit einer KM in die erste naturfarbene Masche.

Beende die Arbeit mit einem langen Restfaden, um damit die Hörner später am Kopf anzunähen. Die Hörner werden mit Watte gefüllt.

Hinterbeine (2x)

Beginne in Braun.

1. 6 fM in einen MR (6)
2. (verd) x 6 (12)
3. (1 fM, verd) x 6 (18)
4. Häkle hier in das 3. Maschenglied (siehe auch Tutorial):
   18 fM (18)
5. 18 fM (18)
6. (abn, 7 fM) x 2 (16)

Farbwechsel zu Beige.

7. 16 fM (16)
8. (abn, 6 fM) x 2 (14)
9. 14 fM (14)
10. (abn, 5 fM) x 2 (12)

11.-16. 12 fM (12) 6 Rd

Stopfe nur den Huf mit Füllwatte aus. Das Bein bleibt ungefüllt, damit es später nicht absteht. Achte darauf, dass sich der untere Teil bis Runde 3 durch das Stopfen nicht stark nach außen wölbt.

17. (2 fM, abn) x 3 (9)

Häkle das Bein mit 4 fM zu und vernähe den Restfaden im Bein.

Vorderbeine (2x)

Beginne in Braun.

1. 6 fM in einen MR (6)
2. (verd) x 6 (12)
3. (3 fM, verd) x 3 (15)
4. Häkle hier in das 3. Maschenglied:
   15 fM (15)

5.-6. 15 fM (15) 2 Rd

Farbwechsel zu Beige

7. 15 fM (15)
8. (3 fM, abn) x 3 (12)
9. 12 fM (12)

Stopfe nur den Huf mit Füllwatte aus. Das Bein bleibt ungefüllt, damit es später nicht absteht. Achte darauf, dass sich der untere Teil bis Runde 3 durch das Stopfen nicht stark nach außen wölbt.

10. (2 fM, abn) x 3 (9)

11.-16. 9 fM (9) 6 Rd

Häkle das Bein mit 4 fM zu und vernähe den Restfaden im Bein.

Schwanz

Häkle in Braun.

1. 4 fM in einen MR (4)
2. (verd) x 4 (8)
3. (fM, verd) x 4 (12)

4.-5. 12 fM (12) 2 Rd

6. (2 fM, abn) x 3 (9)

Fülle die Spitze leicht mit Füllwatte.

7. (fM, abn) x 3 (6)

8.-13. 6 fM (6) 6 Rd

Lege die Kanten aufeinander und häkle den Schwanz mit 3 fM zusammen.

Schneide den Faden ab und vernähe den Rest im Inneren.

Körper

Häkle in Beige.

Achte nun darauf, dass der Körper bis auf die letzte Runde aus halben Stäbchen gehäkelt wird. Dies betrifft auch die Zu- und die Abnahmen. Zusammengehäkelt wird der Körper dann mit festen Maschen.

1. 6 hStb in einen MR (6)
2. hStb verd x 6 (12)
3. (1 hStb, hStb verd) x 6 (18)
4. (1 hStb, hStb verd) x 9 (27)
5. In dieser Runde werden die Beine mit eingehäkelt. Achte darauf, dass der Übergang beim Farbwechsel nach hinten zeigt, also zum Rücken:

(4 hStb durch das erste Hinterbein und den Körper, der Farbwechsel ist auf der rechten Seite), hStb verd, 7 hStb, hStb verd, (4 hStb durch das zweite Hinterbein und den Körper, der Farbwechsel ist auf der linken Seite), 5 hStb, hStb verd, 4 hStb (30)

6. In dieser Runde wird der Schwanz mit eingehäkelt:

(4 hStb, hStb verd) x 4, 3 hStb, hStb verd, (3 hStb durch den Schwanz und den Körper), 2 hStb, hStb verd (36)

7. (5 hStb, hStb verd) x 6 (42)
8. (6 hStb, hStb verd) x 6 (48)

9.-10. 48 hStb (48) 2 Rd

11. (6 hStb, hStb abn) x 6 (42)
12. 42 hStb (42)
13. (5 hStb, hStb abn) x 6 (36)
14. (4 hStb, hStb abn) x 6 (30)

Jetzt werden die Vorderbeine mit eingehäkelt, achte auch hier bitte wieder darauf, dass der Farbwechsel nach hinten zeigt, wie bei den Hinterbeinen.

15. 3 hStb, hStb abn, (4 hStb durch Vorderbein 1 und Körper), hStb abn, 3 hStb, hStb abn, 2 hStb, hStb abn, (4 hStb durch Vorderbein 2 und Körper), hStb abn, 2 hStb, hStb abn (24)
16. (2 hStb, hStb abn) x 6 (18)
17. (1 hStb, hStb abn) x 6 (12)

Der Körper bleibt ungefüllt.

Häkle jetzt 5 fM (oder so viele, wie nötig), damit du die Kante parallel zum Körper mit 5 fM zusammenhäkeln kannst. Schneide den Faden mit einem langen Reststück ab. Mit diesem Restfaden nähst du später den Kopf an den Körper.

Ohren und Hörner anhäkeln

Häkle in Natur.

Nähe die Ohren beginnend ab Runde 13 bis 15 des Kopfes an. Sie bilden in der Seitenansicht des Kopfes eine imaginäre Diagonale von den Nüstern über die Augen.

Nähe die Hörner direkt über den Ohren an. Sie beginnen aber schon ab Runde 12 des Kopfes, stehen also ein wenig vor den Ohren.

Haare anhäkeln

Häkle in Natur.

Zwischen den Hörnern bleibt nun ein großer Teil, den wir jetzt mit Locken versehen. Dazu drehe den Kopf so, dass die Nase von dir weg sieht, und stich mit deiner Häkelnadel rechts unten im markierten Bereich (siehe Foto) durch den Kopf, hole den naturfarbenen Faden und häkle eine Luftmasche, um den Faden zu fixieren.

Die Haare bestehen nun aus einer Luftmaschenkette mit 8 Luftmaschen. Du häkelst also immer 8 Luftmaschen und sicherst sie mit einer festen Masche im Kopf, jeweils eine Masche fortlaufend in der Reihe. Bist du beim zweiten Horn angekommen, drehst du einfach den Kopf und häkelst die Reihe bis zum ersten Horn wieder auf diese Weise zurück. Fülle den auf dem Bild markierten Bereich mit Locken.

Fertigstellung

Vertiefe die Augen und sticke Hamish Details am Auge auf.

Benutze dafür den weißen Baumwollfaden für die Highlights am Auge und die schwarze Baumwolle für den Wimpernkranz.

Die Augenbrauen setze ich 2 Runden über das Auge, sie verlaufen dabei über 3 Maschen.

Biscuit, der Otter

Infos & Material

Materialien:

- Chenillove 12 – Braun (1 Knäuel, ca. 110 m)
- Chenillove 02 – Natur (1/4 Knäuel, ca. 27,5 m)
- 4,00 mm Häkelnadel
- 12 mm Sicherheitsaugen

Größe: ca. 31 cm

Schwierigkeitsgrad: 3

Kopf

Beginne mit Natur (um die Anleitung mit den Farbwechseln einfacher lesbar zu machen, sind die Maschen, die in Natur gehäkelt werden, farblich abgesetzt).

Starte mit einer Luftmaschenkette aus 5 LM und starte in der 2. Masche von der Nadel aus gezählt.

1. 3 fM, 3 fM in die letzte Masche der Kette, drehe diese nun und behäkle die Rückseite (siehe Tutorial »Luftmaschenkette behäkeln«):
   2 fM, verd in die letzte Masche (10)
2. verd, 2 fM, (verd) x 3, 2 fM, (verd) x 2 (16)
3. 1 fM, verd, 2 fM, (1 fM, verd) x 3, 2 fM, (1 fM, verd) x 2 (22)

Farbwechsel zu Braun.

4. 2 fM, (verd) x 6, 2 fM, Farbwechsel zu Natur, 12 fM, **Farbwechsel zu Braun** (28)
5. 16 fM, Farbwechsel zu Natur, 12 fM, **Farbwechsel zu Braun** (28)
6. 16 fM, Farbwechsel zu Natur, 12 fM (28)
7. 4 fM, **Farbwechsel zu Braun**, 3 fM, (verd) x 2, 4 fM, Farbwechsel zu Natur, 15 fM (30)
8. 2 fM, verd, 1 fM, **Farbwechsel zu Braun**, 1 fM, verd, (2 fM, verd) x 2, 3 fM, Farbwechsel zu Natur, verd, 1 fM, verd, 12 fM (36)
9. 6 fM, **Farbwechsel zu Braun**, 13 fM, Farbwechsel zu Natur, 17 fM (36)
10. 3 fM, Farbwechsel zu Braun, verd, (3 fM, verd) x 5, 12 fM (42)

Der naturfarbene Faden kann abgeschnitten und vernäht werden, **es geht jetzt in Braun weiter**.

11. 3 fM, verd, (6 fM, verd) x 5, 3 fM (48)

12.-16. 48 fM (48) 5 Rd

Setze während der nächsten Runden schon einmal die Sicherheitsaugen ein, wenn du welche verwenden möchtest. Sie befinden sich zwischen Runde 6 und 7, eine Masche vor bzw. nach dem Farbwechsel.

Orientiere dich an den Fotos, dort habe ich Stecknadeln für dich an die

passende Positionen gepinnt. Der braune Bereich bleibt zwischen den Augen sichtbar.

17. 3 fM, abn, (6 fM, abn) x 5, 3 fM (42)
18. (5 fM, abn) x 6 (36)

19. 2 fM, abn, (4 fM, abn) x 5, 2 fM (30)
20. (3 fM, abn) x 6 (24)

Beginne, den Kopf mit Watte zu füllen. Fülle kontinuierlich weiter.

21. 1 fM, abn, (2 fM, abn) x 5, 1 fM (18)
22. (1 fM, abn) x 6 (12)
23. (abn) x 6 (6)

Faden lang abschneiden. Ziehe mit einer Nadel den Faden durch die verbleibenden 6 vMG und ziehe anschließend an ihm, um das Loch zu schließen. Der Restfaden wird im Kopf vernäht.

Ohren (2x)

Häkle in Braun.

1. 6 fM in einen MR(6)
2. (verd) x 6(12)
3. 12 fM (12)

Die Ohren werden nicht gefüllt.

Lege die Kanten aufeinander und häkle das Ohr mit 5 fM zusammen. Schneide den Faden mit einem langen Rest zum Annähen ab.

Hinterbeine (2x)

Häkle in Braun.

1. 6 fM in einen MR (6)
2. (verd) x 6 (12)
3. (1 fM, verd) x 6 (18)
4. 18 fM (18)
5. (7 fM, abn) x 2 (16)
6. 16 fM (16)
7. (6 fM, abn) x 2 (14)
8. 14 fM (14)
9. (5 fM, abn) x 2 (12)

Fülle die Füße minimal mit Füllwatte

10. 12 fM (12)
11. (abn) x 6 (6)

Schneide den Faden ab und schließe die letzte Runde des Beins, indem du den Restfaden mit einer Nadel durch die 6 verbleibenden vorderen Maschenglieder führst und daran ziehst. Vernähe den Restfaden dann im Fuß.

Nimm dir nun den Fuß und den braunen Faden zur Hand. Halte den Fuß so, dass der breite Teil nach oben und der schmale Teil nach unten zeigt (Rd. 1 also nach oben, Rd. 11 nach unten).

Zähle von unten nun 4 Runden nach oben und markiere dir die Mitte mit einer Stecknadel oder einem Maschenmarkierer.

Zähle nun von deiner Markierung 2 Maschen nach rechts und stich dort zwischen Runde 4 und 5 (von unten gezählt) mit deiner Häkelnadel ein und komme eine Runde weiter oben wieder heraus. Dort holst du dir nun den braunen Chenillefaden.

Fixiere den Faden mit einer stehenden Masche (siehe Tutorial). Häkle in die gleiche Masche eine fM und häkle nach links noch 3 weitere fM. Beende die Arbeit und vernähe den Restfaden im Fuß.

Vorderbeine (2x)

Häkle in Braun.

1. 6 fM in einen MR (6)
2. (verd) x 6 (12)

3.-4. 12 fM (12) 2 Rd

Fülle nur die Pfoten mit etwas Füllwatte.

5. (2 fM, abn) x 3 (9)

6.-11. 9 fM (9) 6 Rd.

Häkle die Öffnung mit 4 fM zu und vernähe den Restfaden im Vorderbein.

Schwanz

Häkle in Braun.

1. 6 fM in einen MR (6)
2. 6 fM (6)
3. (1 fM, verd) x 3 (9)
4. 9 fM (9)
5. (2 fM, verd) x 3 (12)

6.-7. 12 fM (12) 2 Rd

8. (3 fM, verd) x 3 (15)

9.-12. 15 fM (15) 4 Rd

Der Schwanz wird nicht mit Watte gefüllt. Lege die beiden Kanten nun aufeinander und häkle den Schwanz mit 7 fM zusammen. Schneide den Faden ab und vernähe ihn im Inneren.

Körper

Häkle in Braun.

Achte nun darauf, dass der Körper bis auf die letzte Runde aus halben Stäbchen gehäkelt wird. Dies betrifft auch die Zu- und die Abnahmen. Zusammengehäkelt wird der Körper dann mit festen Maschen.

1. 6 hStb in einen MR (6)
2. hStb verd x 6 (12)

In dieser Runde wird der Schwanz mit eingehäkelt:

3. (1 hStb, hStb verd) x 2, 1 hStb,

Häkle nun folgende Maschen durch Körper und den Schwanz:

(hStb verd, 1 hStb) x3, hStb verd (18)

4. (1 hStb, hStb verd) x 9 (27)
5. (8 hStb, hStb verd) x 3 (30)

In dieser Runde werden die Hinterbeine mit eingehäkelt:

6. 2 hStb, (4 hStb durch die 4 Maschen an der Oberseite und den Körper), hStb verd, 2 hStb, hStb verd, (4 hStb durch die 4 Maschen an der Oberseite und den Körper), hStb verd, (4 hStb, hStb verd) x 3 (36)
7. (5 hStb, hStb verd) x 6 (42)
8. (6 hStb, hStb verd) x 6 (48)

9.-10. 48 hStb (48) 2 Rd

11. (6 hStb, hStb abn) x 6 (42)
12. 42 hStb (42)
13. (5 hStb, hStb abn) x 6 (36)

Jetzt werden die Vorderbeine mit eingehäkelt:

14. 2 hStb, hStb abn, (4 hStb durch das Vorderbein und den Körper), hStb abn, 6 hStb, hStb abn, (4 hStb durch das Vorderbein und den Körper), hStb abn, (4 hStb, hStb abn) x 2 (30)

15. (3 hStb, hStb abn) x 6 (24)
16. (2 hStb, hStb abn) x 6 (18)
17. (1 hStb, hStb abn) x 6 (12)

Der Körper bleibt ungefüllt. Häkle jetzt 4 fM (oder so viele wie nötig), damit du die Öffnung parallel zum Körper mit 5 fM zusammenhäkeln kannst.

Schneide den Faden mit einem langen Reststück ab. Mit diesem Restfaden nähst du später den Kopf an den Körper.

Fertigstellung

Nähe die Ohren beginnend zwischen Runde 12 und 13 des Kopfes an. Die oberen Kanten liegen seitlich gesehen ca. eine Maschenhöhe über den Augen. Zwischen den Ohren ist ein Abstand von 10 Maschen.

1

2

3

4

Vertiefe die Augen und sticke Biscuit Details am Auge auf:

Benutze dafür den weißen Baumwollfaden für die Highlights am Auge und die schwarze Baumwolle für den Wimpernkranz.

Die Augenbrauen setze ich 3 Runden über das Auge, sie verlaufen dabei über 3 Maschen.

Sticke Biscuit eine Nase auf. Ich habe dazu ein sehr langes Stück schwarzen Baumwollfaden benutzt, du kannst aber auch mit Chenillegarn arbeiten.

5

Wichtig ist, dass du so lang stickst, dass das Garn vom Kopf nicht mehr durchscheint. Die Nase beginnt mittig im Zentrum von der Luftmaschenkette und geht 3 Runden nach oben, dort, wo der Farbwechsel von Natur zu Braun beginnt. An den Seiten bilde ich eine imaginäre Linie von der Mitte zu den inneren Augenwinkeln. Das ist die seitliche Begrenzung der Nase.

Nähe den Kopf an den Körper. Verdecke mit der Körpernaht den evtl. sichtbaren kleinen Knoten der Baumwollfäden vom Vertiefen der Augen.